Ist das Schiff schon mal
untergegangen?

ANDREAS LUKOSCHIK

Ist das Schiff schon mal untergegangen?

DAS NEUE
KREUZFAHRT ABC

Kiepenheuer & Witsch

Eine wunderbare Reise
und
»immer eine Handbreit Wasser unterm Kiel«
wünschen der Autor
und

———————————

———————————

Ein kleiner Tipp zu Beginn Ihrer Reise
durch dieses Buch:
Gehen Sie an einer beliebigen Stelle an Bord, schippern
Sie kreuz und quer durch die Seiten und vertiefen Sie
sich in das, was Sie interessiert.

Wie bei einer Kreuzfahrt!

Querhinweise für diesen Band sind mit ➤ gekennzeichnet
Alle, die Band 1 noch nicht kennen, finden unter
Bd.1 ➤ Hinweise, wo sie dazu Passendes im
ersten Band finden.
Die Kenntnis dieser Passagen ist nicht notwendig.
Macht aber Spaß.

Für Anita & Max

»In zwanzig Jahren werden Sie mehr darüber
enttäuscht sein, was Sie nicht gemacht haben,
als darüber, was sie getan haben.
Also werfen Sie die Leinen los.
Segeln Sie aus dem sicheren Hafen.
Nutzen Sie die Passatwinde und setzen Sie die Segel.
Forschen Sie. Träumen Sie. Entdecken Sie!«

MARK TWAIN

Inhalt

Anhang

Statt eines Vorwortes

Der Kalenderweise weiß: Reisen bildet. Und zwar schon bei der Anreise.

So stieg ein unternehmungslustiger Passagier samt Frau und Sohn in Genua gut gelaunt aus dem Taxi, nachdem er die begeisternde Anreise mit der Bahn durch den Gotthard-Tunnel erlebt hatte. Er übergab die Koffer den kräftigen Kofferschleppern der Reederei, während seine Frau fragte, wo es zum Schiff gehe. Da alle drei noch nie im Hafen von Genua an Bord gegangen waren, kannten sie die Wege zur Einschiffung nicht. Die dienstbaren Geister machten eine Handbewegung, die vermuten ließ, die nächste Gelegenheit links abbiegen zu müssen. Sodann murmelten sie etwas Unverständliches von einer breiten Türe. Für den Passagier hörte es sich so an, als ob sie in fremden Zungen sprächen, und so verließ er sich auf sein Gespür und die Fähigkeit, schon zu erkennen, wo es langginge.

Und siehe, nach der Kurve links stand auch schon eine Gruppe Reisender, die unschwer als Nicht-Italiener auszumachen waren. Genauer gesagt als Deutsche. Sie wurden nämlich gerade auf Deutsch von einer Reiseleiterin instruiert, ihr zu folgen. Gesagt, getan – zumal die Reiseleiterin launige Anekdoten vom Leben an Bord erzählte, um, wie sie sagte, »die Zeit zu verkürzen, bis der Bus so weit ist«.

Nun hat sich der moderne Mensch in unsrer von Terrorismus gebeutelten Welt ja schon an vielerlei Reisevorschriften gewöhnt, die der eigenen Sicherheit zuträglich sein sollen. Zum Beispiel Flüssigkeiten im Handgepäck in durchsichtigen Plastiktüten aufzubewahren statt im undurchsichtigen Reisenecessaire. Wie jedermann sofort erkennt, ist das ein absolut sinnvoller Schutz gegen ungewollte Explosionen in höchsten Höhen. Ebenso einleuchtend ist es, dass man bei der Einreise in manche Länder schriftlich und unwiderruflich angeben muss, ob man terroristische Anschläge zu unternehmen gedenkt. Als Ehrenmann gibt man derart Niederträchtiges natürlich sofort frank und frei gegenüber den Einreisebehörden zu.

Angesichts solcher »Sicherheitsmaßnahmen« lag für den Anreisenden die Vermutung nahe, dass die Reiseteilnehmer, die hier brav und diszipliniert mit ihrem Handgepäck in der Schlange standen, nicht zu Fuß durch den Hafen streunen sollten, um an Bord zu gelangen, sondern per Bus direkt bis zur Gangway verbracht werden sollten. So schaltete er das Bewusstsein als selbstständig denkendes Einzelindividuum aus, legte den »Ich-bin-ein-Schaf-und-trotte-der-Herde-hinterher«-Modus ein und folgte samt Frau und pubertierendem Sohn der Anekdoten erzählenden Reiseleiterin Schritt für Schritt Richtung Bus.

Das Einzige, was ihn irritierte, war die Tatsache, dass die amüsanten Geschichten der reiseleitenden Dame so gar kein Lächeln auf die Gesichter der Mitstehenden zauberten. Ihn befielen üble Vorahnungen von miesepetrigen Passagieren, die willens waren, den weiteren Verlauf der Reise mit Übellaunigkeiten zu »würzen«. Die aufkeimende Unlust bekämpfte er durch still in sich hineingesprochene mantraartige Ermahnungen, sich nach einem Jahr harter Arbeit den wohlverdienten Urlaub durch nichts vermiesen zu lassen. Erst recht nicht durch übellaunige Mitreisende.

Derart emotional gefestigt stellte er schließlich fest, dass die schrittweise Vorwärtsbewegung zum Stillstand gekommen war. Und die reiseleitende Dame an der Spitze verkündete: »So, jetzt sind die Busse parat. Ich wünsche Ihnen eine gute Heimreise nach Düsseldorf!«

Da schaute der angereiste Passagier seine Frau an und lachte laut auf, weil er erkannte, dass die Herrschaften nicht übellaunig waren, sondern traurig – über das Ende ihrer Kreuzfahrt. Und da bekanntlich das, was dem einen »sin Uhl, dem andern sin Nachtigall« ist, stimmte ihn der Gedanke milde, dass die abreisenden Herrschaften eine gute Zeit erlebt hatten (*siehe die heruntergezogenen Mundwinkel des Abschiedsschmerzes!*), und befeuerte seine Vorfreude auf eine herrliche Schiffsreise. Also beschloss er, den »Ich-bin-ein-Schaf-und-trotte-der-Herde-hinterher«-Modus für den Rest der Reise abzulegen, und drehte um, nicht ohne zuvor seinem Sohn recht zu geben, der etwas von »Wie blöd ist das denn?« gemurmelt hatte.

Kurz danach durchschritt die Familie die breite Tür, die die wackeren Kofferträger der Reederei zuvor gemeint hatten, die der Passagier aber nicht gesehen hatte, weil er der männlichen Devise gefolgt war: »Männer fragen nicht nach dem Weg« (➤ *»Landausflug«*).

Und weil der Herr mit seiner Familie niemand anderer als der Autor selbst war, sei hier klipp und klar gesagt: Nur wer Fehler macht, kann auch darüber lachen. Vorausgesetzt, man akzeptiert die menschliche Fehlbarkeit und kann sich eingestehen, nicht immer alles richtig machen zu müssen.

Aus genau diesem Grund bin ich allen Gleichgesinnten dankbar, die mir für dieses Buch ihre eigenen »Erfahrungen« berichtet haben – weil auch sie darüber lachen können.

Denn Schiffsreisen sind dazu da, dass man Spaß hat. Mit sich und anderen.

Das neue Kreuzfahrt ABC

Ach ... jaaaa ...

… seufzte die auf ihrem Sofa gestrandete Kreuzfahrerin, als sie die Tasse heißen Kaffees mit beiden Händen umschloss und es sich gemütlich machte. Sie schloss lächelnd die Augen, gab sich ihrer tiefen Sehnsucht nach der Weite des Meeres hin und hörte …

… das »Tap! Tap!« ihrer Schuhe auf dem Metall der Gangway.

Erst klang es wie ganz weit weg.

Doch Schritt für Schritt kam es näher.

Untermalt wurde dieser gleichmäßige Takt vom gemächlichen Ächzen der Gangway, diesem Verbindungsstück zwischen Alltag und Ferien, das sich im milden Rhythmus der Hafenwellen über den Asphalt des Kais schob.

Sie spürte, wie sie das Geländer links und rechts fest im Griff hatte. Neben sich die weiße Stahlwand des Schiffsrumpfs.

Auf halber Höhe der Gangway blickte sie sich noch einmal um, schaute auf den Kai hinab, sah dort das »Willkommen an Bord«-Schild »ihres« Schiffes ste hen und wendete sich mit dieser herrlich glucksenden Vorfreude im Bauch wieder um.

Sie ging die letzten Meter die Gangway empor, machte einen Schritt durch die Luke in der Schiffswand und betrat ihr Schiff …

… *jetzt!*

Es erschallte ein »Herzlich Willkommen« – vom Cruise Director und einem halben Bataillon strahlender Philippino-Mädels und -Jungs, die ihr gleich das Handgepäck abnahmen und sie zu ihrer Kabine begleiteten.

Unter ihren Füßen dämpfte nun ein weicher Teppichboden ihren Schritt – und die herrliche Gewissheit machte sich in ihr breit:

Endlich! Wieder! Da!

Schließen Sie, liebe Leserin und werter Leser, jetzt die Augen und stellen Sie sich das Ganze noch einmal vor. Mit Ihnen in der Hauptrolle.

Dazu die Gerüche des Salzwassers, den fröhlichen Geräuschteppich des Ankommens, das leise Gläserklingeln der Begrüßungscocktails und das Glücksgefühl, auf einem anderen Planeten gelandet zu sein. Dort gibt es nur Ruhe, Weite und wunderbare neue Länder. Herrlich!

Anlegen

Anlegen an und für sich ist keine Kunst. Täglich legt jeder von uns seine Kleidung an. Unfallfrei.

Das Anlegen der Rettungsweste während der Sicherheitsübung bedarf da schon etwas mehr Erfahrung. Ganz ungewohnt ist der Vorgang des Anlegens, wenn es ein Schiff tut.

Aus diesem Grund wird dieser Vorgang auch gern beim einen mit Interesse, beim anderen mit Kennermiene und beim dritten mit Unverständnis begleitet. Letzteres ist immer wieder Anlass zu Heiterkeit.

So hörte der Autor, wie sich zwei Damen, die das Manöver abseits ihrer fachmännisch blickenden Ehemänner beobachtet hatten, dazu ihre eigenen Gedanken machten. Wie sich später herausstellte, waren es alte Schulfreundinnen, die die Liebe in unterschiedliche Teile des deutschen Kulturkreises verschlagen hatte. Annemie lebte im beschaulichen Ostwestfalen, während ihre Freundin in der malerischen Schweiz wohnte.

»Jetzt legt er schon wieder mit der linken Seite an!«
»Annemie, das heißt doch Backbord.«

»Ach ja! Hat er in den anderen Häfen aber auch schon immer so gemacht.«

»Immer mit der Backbordseite?«

»Ja. Vielleicht kann er nur mit links.«

Wen's interessieren sollte: Kapitäne legen eigentlich immer ihr Schiff gegen die Strömung an.

Außerdem spielt der Wind eine Rolle. Wenn es zum Beispiel beim Einlaufen in einen Hafen kaum Wind gibt, aber beim Auslaufen welcher zu erwarten ist, dann legt er sein Schiff bereits in »Auslaufrichtung« an, damit er später besser wegkommt.

Und schließlich redet beim Anlegen auch der Lotse noch ein empfehlendes Wörtchen mit.

Das zum Thema: »Vielleicht kann er nur mit links«.

Die beiden Freundinnen schauten unterdessen schweigend zu, wie die Wurfleinen von Bord zu den wartenden Festmachern am Kai geworfen wurden.

Schließlich sagte Annemie: »Lass uns mal lieber gehen. Mein Erwin schaut schon wieder so sauer. Er wollte sich schon im letzten Hafen beschweren.«

»Warum denn?«

»Unsere Kabine ist doch auf der Backbordseite.«

»Ja und?«

»Er meint, er habe extra eine Balkonkabine gebucht – wegen dem Meerblick. Und jetzt liegen wir
schon wieder so, dass wir nur den Hafen sehen. Das
ärgert ihn. Ich kenn doch meinen Erwin.«

Solche Mitreisende darf man nicht einfach ziehen lassen, sondern muss solchen Juwelen des unfreiwilligen
Humors folgen. In der Hoffnung auf weitere Trouvaillen. Und tatsächlich: Eine ging noch.

Als die beiden den Zauberer sahen, der abends für
gute Stimmung auf der Bühne sorgte, sagte die Dame, die von ihrem Schweizer Wohnort Luzern mit
dem Bus zum Ausgangshafen Venedig angereist war:
»Schau mal, der Zauberer da. Der ist auch in Luzern
eingestiegen.«

Darauf Annemie: »Ich wusste gar nicht, dass das
Schiff auch durch die Schweiz gefahren ist.«

Beschweren

Natürlich wissen wir alle, was es alltagssprachlich bedeutet, »sich zu beschweren«. Aber versuchen Sie mal, sich das Verb ganz langsam auf der Zunge zergehen zu lassen: »sich be-schwer-en«.

Fällt Ihnen etwas auf?

Genau. Es drückt etwas ganz anderes aus, als wir gemeinhin meinen: Man kann nämlich nicht *einen anderen* beschweren – sondern immer nur *sich selbst*! Das »Schwere« – die Last also – liegt demnach auf den Schultern dessen, der es tut – nicht auf dem, über den sich beschwert wird. Und schwer zu sein ist auf See ein nicht sehr hilfreicher Zustand. Wer schwer ist, geht leicht unter.

Besonders dann, wenn dem, worüber er sich beschwert, jeglicher Sinn abgeht. Deshalb können solche »Untergänge« auch sehr komisch sein. Wie der folgende Fall zeigt:

Der kundige Passagier weiß, dass die Kabinen in den unteren Decks nicht nur kostengünstiger sind, sondern bei bewegter See auch weniger stark das Auf und Ab des Schiffes spüren lassen. Zumal wenn sie in der Mitte zwischen Bug und Heck liegen. Das hat mit dem geringeren Drehmoment zu tun, was eine größere Ruhe der Kabinen-Bewegungen zur Folge hat – im Vergleich zu Kabinen am Heck oder am Bug (*Bd.1* ➤ »*Kabine*«). Wie gesagt, das weiß der erfahrene Passagier.

Ein First-Time-Cruiser hatte die Wahl einer solchen Kabine nahe der Wasserlinie wohl als Tipp erhalten, aber den wahren Vorteil nicht richtig verstanden – und war nun gar nicht zufrieden damit. Deshalb ließ er kurz nach Ankunft an Bord den Hotelmanager kommen.

Nachdem der konziliante Mann die Kabine betreten hatte, forderte ihn der Gast auf: »Schauen Sie bitte mal aus dem Bullauge raus.«

Der Hotelmanager tat, wie ihm geheißen.

»Und? Was sehen Sie?«, fragte der Gast streng – und fuhr ohne eine Antwort abzuwarten fort: »Das Wasser steht höchstens 20 cm unter dem Fenster.«

Der Hotelmanager vermutete nun, dass der Gast vielleicht befürchtete, das Bullauge könne nicht dicht sein. Also holte er schon mal Luft, um dem besorgten Mann einige sachdienliche Informationen über die Einzigartigkeit und Sicherheit dieses Schiffes mitzuteilen. Doch ließ er diese Luft gleich wieder ab, als er hörte, weshalb sich der Gast beschwerte: »Hören Sie mal«, setzte der nämlich zu seinem finalen Gedankenschluss an, »was mache ich denn da bei Hochwasser? Da sehe ich ja gar nichts mehr!«

Tja, es ist in der Tat nicht ganz einfach zu begreifen, dass diese Riesenschiffe aus Eisen tatsächlich *auf* dem Wasser schwimmen. Der wahre Grund ist, dass sie durch ihre schiere Größe viel Wasser verdrängen, was sie trägt. Genau das versuchte auch eine Passagierin, als ihr Schiff auf Reede lag – nämlich das Wasser zu verdrängen. Doch trug es sie nicht. Und das kam so: Wie man weiß, legt ein Schiff normalerweise im Hafen an. Dann betreten die Passagiere dessen festen Boden über die schiffseigene Gangway. Manchmal ist das Schiff aber zu groß, das Hafenbecken nicht tief genug oder einfach schon mit anderen Schiffen so voll, dass kein Liegeplatz mehr frei ist. Dann bleibt das Schiff draußen auf See, ankert – und liegt »auf Reede«.

Damit Passagiere und Besatzung dennoch festen Grund betreten können, werden alle Land-Willigen mit Tenderbooten an den Kai gebracht. Diesen Vorgang nennt der Seemann »tendern«. Und derjenige, der das Ganze beaufsichtigt, hat »tender duty«.

Unerfahrene Zeitgenossen halten diese Aufsicht vielleicht für eine Formalie, lassen dabei aber außer Acht, dass nicht jeder versteht, um was es beim Tendern geht. Obwohl das nicht wirklich schwer ist.

Oben erwähnte Dame war erst im letzten Hafen an Bord gekommen und ging nun, da das Schiff auf Reede lag, zu der jungen Frau, die »tender duty« hatte. Mit hochgezogenen Augenbrauen ließ sie sie wissen, dass sie keine Lust habe, sich in der Schlange hinten anzustellen. Schließlich wohne sie in einer Suite auf dem obersten Deck und wolle *jetzt* raus.

Die junge Frau erklärte der Passagierin zuversichtlich, dass das sofort geschehen werde, sobald das Tenderboot angelegt habe.

Darauf die Passagierin: Sie wolle kein *Boot*, sie wolle an *Land*. Bei diesen Worten hob sie die Stimme, sodass die ersten Mitwartenden aufblickten.

Ja, erwiderte die junge Frau der Crew weiterhin ruhig, das verstehe sie schon, aber heute ginge das nun mal nicht ohne Boot, weil um sie herum nur Wasser sei.

Nun wurde die Passagierin deutlich und verlangte, dass die junge Frau *unverzüglich* den Durchgang freigebe, damit sie an Land könne. Die junge Schiffsangestellte könne sich ihr Boot an den Hut stecken. Sie wolle JETZT über »diesen Steg« an Land. (*Sie meinte die Gangway!*). Dann holte sie das Tagesprogramm aus der Tasche, schlug es auf und hielt es der jungen Frau hin.

»Können Sie lesen?«, fragte sie schnippisch.

»Gestern ging's noch!«

»Dann sehen Sie ja, was hier steht: Land-GANG! Außerdem hat uns der Kapitän eben viel Spaß beim Land-GANG gewünscht und Sie wollen mir jetzt weismachen, dass hier gar kein Land ist und wir mitten auf dem Meer sind? Halten Sie sich für intelligenter als der Kapitän?«

Nun sah sich die junge Frau gezwungen, dem Ganzen ein Ende zu bereiten: »Gut«, sagte sie, »dann *gehen* Sie.«

Hocherhobenen Hauptes marschierte die Dame siegesgewiss in Richtung der offenen Tenderluke, kleine rote Rauchwölkchen der Wut hinter sich lassend. Begleitet wurde sie dabei von amüsierten Blicken der anderen Passagiere.

An der Tenderluke angekommen blieb sie stehen und schaute … auf die unendliche Wasserfläche des Meeres … Weit und breit nichts, worauf sie ihren sorgsam pedikürten Fuß hätte setzen können – außer Wasser.

Die Ratlosigkeit, die sich daraufhin auf ihrem Gesicht breitmachte, sahen nur Poseidon und seine Gespielinnen, denn die Suitenbewohnerin starrte einfach nur geradeaus aufs Meer. Dabei ging ihr wahrscheinlich die Frage durch den Kopf, ob sie den nächsten Schritt tun solle, um ihr Gesicht zu wahren, oder nicht. Doch ersparte sie der Crew dankenswerterweise das »Frau über Bord«-Manöver und wartete wie alle anderen auch, bis das Tenderboot anlegte. Sie beschloss allerdings, erst mit dem nächsten Boot an Land zu fahren – mit Passagieren, die ihren Auftritt nicht miterlebt hatten.

Merke: Selbst auf sehr großen Schiffen begegnet man den Mitgliedern der Crew immer wieder. Deshalb gebietet allein schon die soziale Intelligenz, ihnen freundlich zu begegnen. Mal ganz abgesehen davon, dass das Reisen mit guter Laune mehr Spaß macht, als den Nervtöter zu geben.

Eine Einsicht, die im Übrigen auch an Land gilt. So vergaß ein frankofoner Gast offensichtlich, dass er in der Schule Geografieunterricht gehabt hatte, und beschwerte sich allen Ernstes am Ende seiner Karibik-Kreuzfahrt bei seinem Reisebüro mit folgenden Worten: »Wir haben elf Stunden gebraucht, um von den Bahamas wieder zurück nach Paris zu kommen. Bei unseren Freunden aus New York hat die Heimreise nur drei Stunden gedauert.«

Darauf erwiderte die Dame in dem Reisebüro: »Aber Sie hatten einen Direktflug!«

»Erzählen Sie mir nichts. Sie hätten uns einen besseren Flug raussuchen können.«

Was soll man dazu sagen? Soll man solchen »Kennern« die Weltkarte vor Augen halten und darauf hoffen, dass sie die unterschiedlich langen Strecken Bahamas-New York und Bahamas-Paris mit bloßem Auge erkennen? Oder sollte man mit einem Zentimetermaß beide Strecken auf der Karte ausmessen und die unterschiedlich großen Zahlen nebeneinanderhalten? Oder sollte man ihnen generell erst einmal erklären, wo sie überhaupt waren?

Klar ist: Nicht nur auf Schiffen braucht die Crew in Sachen Beschwerden viel Geduld. Auch in den Reisebüros müssen Mitarbeiter Dinge ausbügeln, für die sie nichts – aber auch gar nichts – können.

Unser Mitgefühl sei deshalb hiermit allen von Herzen ausgedrückt!

Da war das junge Mädchen, das am ersten Tag nach dem Ablegen zur Rezeption kam, geradezu eine Wohltat. Sie ließ die Rezeptionistin nämlich Folgendes wissen: »Es hat bei der Rettungsübung geheißen, man solle sich melden, wenn man Beschwerden habe.«

Die Rezeptionistin befürchtete, dass dieses junge Mädchen auf den Spuren ihrer sauertöpfischen Eltern wandeln wollte, und antwortete geduldig: »Hmh. Und was ist deine Beschwerde?«

Darauf die Kleine erfrischend naiv: »Ich kriege immer Wasser in die Nase, wenn ich in den Pool springe.«

Ist es nicht schön, wenn ein junger Mensch noch gar nicht weiß, was es heißt, sich zu beschweren? Sondern Beschwerde als medizinisches Phänomen interpretiert? Und ist es nicht noch herrlicher, wenn man diesem jungen Menschen mit dem einfachen Rat helfen kann: »Einfach die Nase zuhalten!«?

Ein Rat, den man übrigens auch auf andere Beschwerden ganz vortrefflich anwenden kann!

Beste Reisezeit

Die optimale Reiseroute und die beste Reisezeit sind für jeden Cruiser die beiden zentralen Variablen, die seine Reiseplanung beeinflussen. Wobei die Frage nach der besten Reisezeit von einigen Faktoren bestimmt wird, die jeder grundsätzlich für sich selbst abklären muss.

Hier eine kleine Auswahl an solchen Fragen:

✳ Muss man sich nach den Schulferien der eigenen Kinder richten?
Oder will man Kindern gar aus dem Weg gehen? (*Letzteres bedeutet: nur außerhalb der Schulferien buchen*)

✳ Will man hauptsächlich warme Regionen aufsuchen?
Oder darf es auch etwas Expeditionelles sein? (*Antarktis, Nordostpassage und dergleichen*)

✳ Will man Städte und Regionen besuchen, die man am besten auf dem Wasserwege erreicht?
Oder möchte man bestimmte Themen auf seinem Schiff vorfinden? (*von Golfspielen bis Heavy Metal*)

✳ Will man sich berieseln lassen und einfach nur abschalten? (*US-Entertainment-Schiffe*)
Oder sucht man Inspirationen und will Hafenstädte und exotische Regionen kennenlernen? (*klassische Kreuzfahrt*)

✳ Hat man ein enges Budget einzuhalten? Oder darf es auch ein bisschen mehr sein?

✳ Muss man langfristig planen?
Oder ist »last minute«-Spontaneität möglich?

✳ Muss die Bordsprache Deutsch sein?
Oder darf es auch Englisch sein?

✳ Ist Luxus unabdingbare Voraussetzung für den Reisegenuss?
Oder ist es vielleicht sogar vorstellbar, einmal ein Frachtschiff ausprobieren zu wollen?

Die Beantwortung all dieser Fragen lenkt die Wahl des richtigen Schiffes in die eine oder andere Richtung – und definiert ein Stück weit, *mit wem* man reisen will, und daraus ergibt sich meist, *wann* man reisen kann.

Trotzdem möchte mancher wissen, welcher Zeitpunkt unabhängig von persönlichen Voraussetzungen *optimal* für eine Reise zu den jeweiligen Destinationen wäre.

Leider kann man diese Frage nicht generell beantworten. Sonst würden sich *alle* danach richten – und alle wären zur gleichen Zeit unterwegs. Eine Tatsache, die dem entgegensteht, was viele unter »optimal« verstehen.

Deshalb muss man um die Ecke denken und seine Schlüsse ziehen. Zum Beispiel wenn man weiß, wo und wann US-Schiffe am stärksten vertreten sind. Warum gerade US-Schiffe? Weil die meist sehr groß sind. Und viele Menschen befördern, die dann die Destinationen »erfüllen«.

Deshalb ist die Nebensaison der US-Schiffe der Zeitpunkt der Wahl. Wer jedoch nicht antizyklisch reisen kann, sollte sich zumindest innerlich auf eine gewisse »Menschendichte« einstellen.

Hier ein kleiner Einblick, wann für US-Cruiseships jeweils Haupt- und Nebensaison ist. (*Und weil alles seine Vor- und Nachteile hat, sind einige davon gleich mit aufgeführt*)

Land	Hochsaison	Nebensaison
Alaska	Juni bis inklusive August *Vorteile:* Die Temperaturen sind relativ warm, was auch die Fauna munterer macht, weshalb in dieser Zeit die Chancen steigen, Tiere live zu sehen.	Mai & September *Vorteile Mai:* Geringere Regenwahrscheinlichkeit als im Sommer und mehr Schnee auf den Bergen. *Vorteile September:* End-Season-Preise und die Hoffnung, das Nordlicht sehen zu können.
Australien	Ende November bis März *Vorteile:* Der Winter der Nordhalbkugel ist grundsätzlich der Sommer in Australien.	Mai bis inklusive September *Vorteile:* Es sind weniger Menschen unterwegs und der Mai kann ein wunderbarer Herbstmonat in Australien sein. (*Stichwort »Südhalbkugel«*)

Land	Hochsaison	Nebensaison
Bermuda	Juni bis inklusive August *Vorteile:* Die Temperaturen im Wasser und an Land sind zum Sporteln und Golfen sehr gut. (*Achtung: Nicht mit Bahamas verwechseln!*)	April & Mai sowie September & Oktober *Vorteile:* Im Mai kann man die besten Preise erzielen. *Nachteil:* Der Oktober ist der regenreichste Monat. (*Die Golfplätze freut's.*)
Kanada & Neu-england	September bis Oktober *Vorteile:* Indian Summer vom Feinsten.	Mai bis August – obwohl das die Hauptreisezeit der US-Bürger ist, da in dieser Zeit die Schulferien liegen. *Vorteile:* Angenehme Temperaturen und viele Familien unterwegs.

Land	Hochsaison	Nebensaison
Karibik	Ende Juni bis inklusive August; von Weihnachten bis zum 6. Januar; von Februar bis Mitte April	Ende April bis inklusive Mai; September bis Anfang Januar (mit Ausnahme der Weihnachtsferien) *Vorteile:* Günstigere Preise, weniger Besucher. Übrigens: keine Angst vor der Hurrikan-Saison (Juni bis inklusive November). Die Schiffe können den sich nur langsam bewegenden Wirbelstürmen ausweichen, da sie schneller sind. Deshalb gibt es auf solchen Cruises vielleicht mal eine Hafenänderung. Mehr »Wirbel« ist nicht zu befürchten.

Land	Hochsaison	Nebensaison
Hawaii	Ende Dezember bis inklusive April. Mit der Spitzensaison für den US-Markt von Weihnachten bis erste Januarhälfte.	Mai & Juni; September bis Mitte Dezember *Vorteile:* Zwischen den beiden Spitzensaison-Terminen Thanksgiving und Weihnachten sehr oft günstige Preise.
Mittelmeer	Mai bis September *Nachteile:* Viele Menschen sind unterwegs, da die meisten europäischen Länder Ferien haben. *Tipp für Reisende ohne Kinder:* einfach zu Hause bleiben. Es ist herrlich leer überall und in dieser Zeit ist es in unseren Breiten wettertechnisch am schönsten. (*Aber das wissen Sie sicherlich ohnehin längst.*)	Oktober bis inklusive April *Vorteile:* Herrliche Herbst- respektive Frühlingstage sind möglich.

Land	Hochsaison	Nebensaison
Mexikani-sche Küste	Februar bis Mitte April *Vorteile*: Angenehme Temperaturen, Februar & März sind die Haupt-Whale-Watching-Monate.	Früher Januar & Mai; Oktober & November *Vorteil:* Weniger Besucher sind zu erwarten.
Nord-europa	Juni bis August *Vorteile:* Nordeuropa ist in dieser Zeit sonnensicher, warm und das Leben verlagert sich von drinnen nach draußen. *Nachteile:* Jetzt sind alle Schiffe in dieser Region.	Mai und September *Vorteile:* Frühling und Herbst können wundervolle Stimmungen an den Tag legen. Und in die Nacht. Hurtigruten bieten sogar Fahrten im bitterkalten Winter an, mit der Chance, das Polarlicht sehen zu können.

Land	Hochsaison	Nebensaison
Süd-amerika	November bis inklusive März *Vorteile:* Wunderbar warme Temperaturen und ein so ganz anderes »Weihnachtsfeeling« als bei uns.	April und Oktober *Vorteile:* Wenig Betrieb bei mildem Wetter. *Nachteil*: Um die Galapagos-Inseln herum kann die See kabbelig sein.
Tahiti & Südsee	Mai bis inklusive Oktober *Vorteil:* Gute Zeit für Honeymooners und Familien, da Zyklone selten auftreten.	November bis inklusive April *Vorteil:* Das ist die Sommerzeit in der Südsee und die feuchteste Zeit des Jahres, wobei die Wassertemperaturen perfekt sind. Die Wolken am Firmament sind überdies eine Art himmlischer Sonnenschutz. (*Trotzdem eincremen!*)

Und noch etwas: Was die Wettersituation an den Reisezielen betrifft, kann man immer weniger zuverlässige Prognosen treffen. Deshalb sollte man zu den Temperaturen und Sonnenstunden jeweils aktuell entsprechende Websites im Netz befragen.

Beurteilungsbogen

Man muss nicht siebzig Jahre Lebenserfahrung mitbringen, um zu erkennen, dass die Welt von alleine nicht besser wird. Zu dieser Erkenntnis verhilft schon eine Woche lang die Inaugenscheinnahme von »heute« und »Tagesschau«.

Wer sein Kreuzfahrtschiff weiterhin so vorfinden möchte, wie er es schätzt, muss deshalb etwas *dafür tun* – und den Beurteilungsbogen ausfüllen.

Er wird am Ende eines jeden Streckenabschnittes in den Kabinen ausgelegt und harrt darauf, dass die Passagiere ihre Reise beurteilen. Das ist überaus sinnvoll – wenn man diesen Bogen richtig nutzt. Soll heißen: wenn man ihn als Zauberstab verwendet, um das Schöne und Gute an Bord zu verstärken. Das ist nötiger, als viele vermuten. Denn man glaubt ja nicht, was in diesen Beurteilungsbögen so alles auftaucht.

So schrieb ein Gast am Ende seiner Kreuzfahrt folgende »Anregung« in seine Beurteilung: »Im Laufe meiner Ehe habe ich gelernt, die Toilette im Sitzen zu nutzen statt im Stehen. Doch ist mir auf Ihrem Schiff dabei aufgefallen, dass der Wasserstand in Ihrer Toilette zu hoch ist. Beim Wasserlassen stieg der Pegel naturgemäß an, sodass mein bestes Stück ins Wasser hing.« Dankenswerterweise ergänzte er: »Und er ist nicht übermäßig lang. Hier sehe ich dringenden Verbesserungsbedarf.«

(*Ob es manche Männer wohl nicht merken, wie sie ihr Licht ganz gehörig unter den Scheffel stellen, wenn sie das gemeinte Organ als »bestes Stück« bezeichnen und damit höher bewerten als Herz und Hirn?*)

Wir wissen nicht, wie die Schiffsleitung darauf reagierte. Auf jeden Fall bekommt in diesem Zusammenhang der Begriff »Wasserstandsmeldungen« eine ganz neue Bedeutung.

Sie sehen: Diejenigen, die nörgeln, jammern, schimpfen und sich gerne beschweren, sind bereit, selbst abstruseste Ideen ausführlich vorzutragen. Während diejenigen, denen es gefallen hat, sich ihrer Freude meist still hingeben.

Aber warum? Befürchten sie, nachzahlen zu müssen, wenn ihnen eine Reise besonders gefallen hat?

Oder denken sie: »Ach, die Reederei weiß doch selbst, dass hier an Bord gute Arbeit gemacht wird! Sonst hätte sie ja nicht diese Crew angeheuert.« Wieder andere wissen nicht, wie sie ihr Lob formulieren sollen, oder sind der Meinung: »Nicht getadelt ist genug gelobt!«

Diese Argumente mögen ja ganz bequem sein, aber langfristig schadet diese Haltung – dem Schiff und seiner Atmosphäre. Denn wenn sich nur die Nörgler und Jammerer auf dem Beurteilungsbogen austoben, werden auch nur die negativen Stimmen gehört. Und berücksichtigt.

Im Bordprogramm.

Bei den Ausflügen.

In der Reiseroutengestaltung.

Und diejenigen, die eine Reise toll fanden – aber nichts sagen und nichts in den Beurteilungsbogen schreiben –, fallen durch den Rost. So wird Gestaltungsmöglichkeit zum Positiven verschenkt!

Schreiben Sie also,

✳ wenn Sie einen Künstler gut fanden

✳ eine Hafenstadt Sie wirklich bewegt hat

✳ die Küche Ihre Vorstellungen von Köstlichkeit auf die Teller gezaubert hat

✳ wenn die Cocktails vom Barkeeper Sie gerührt, nicht geschüttelt haben

✳ die Reiseleitung bestens informiert war

✳ und sich das Wetter von seiner besten Seite gezeigt hatte (*für gutes Wetter ist übrigens immer der
Kapitän zuständig, für Schlechtes die Passagiere,
weil sie nicht aufgegessen haben*)

✳ wenn der Pianist die abendlichen Weisen
ganz besonders elegant durch die Bar hat perlen
lassen

✳ das Peeling im SPA den Schmetterling aus der
Raupe herausgekitzelt hat

✳ Kurzum: wenn Sie sich als Person und Gast behandelt fühlten und nicht als Nummer einer zum
professionellen Abnicken gedrillten Truppe von
Dienstleistungsdarstellern.

Halten Sie nicht mit dem hinterm Berg, was Ihnen
gutgetan und gefallen hat. Lassen Sie es raus. En Detail. Und sagen Sie, dass Sie das beim nächsten Mal
wieder so haben wollen!

Das heißt nicht, dass Sie unkritisch alles super finden sollen. Aber lassen Sie das, was Ihnen gefallen hat,
die Reederei wissen. Denn die ist weit weg und weiß
nicht, wie die Reise wirklich war. Doch wenn *Sie* sie
informieren, dann wissen die Damen und Herren an
Land, dass die Arbeit ihrer Mitarbeiter auf hoher See
auf dem richtigen Weg ist – und Sie auf dem richtigen
Dampfer waren.

Aber von der Sinnhaftigkeit solcher Informationen mal ganz abgesehen: Denken Sie nicht auch lieber an die schönen Erlebnisse einer Reise zurück als an die Momente der Unzufriedenheit?

Eine Erkenntnis, die zu einem Wort passt, dessen Ursprung und Sinn viele nicht kennen. Das Wort »positiv« kommt nämlich vom Lateinischen »ponere«, was so viel heißt wie »festlegen«.

Was »positiv« ist, legen also *Sie* fest!

An Bord wie auch an Land!

Fangen Sie an Bord damit doch schon mal an.

Im Beurteilungsbogen!

Blinder Passagier

Ob Sie es glauben oder nicht, aber es gibt jede Menge blinde Passagiere an Bord eines Kreuzfahrtschiffes. Sie halten das für einen Scherz?

Keineswegs!

Achten Sie mal am Flughafen darauf. Jawohl. Am Ende der Reise. Schauen Sie auf das Gepäck der anderen Reisenden am Flughafen. An ihren Kofferanhängern sollt ihr sie erkennen! Und daran erkennt man sie auch. *Nur* daran! Denn ansonsten fragt man sich: Wo waren die die letzten 14 Tage auf dem Schiff? Die habe ich nie gesehen. Nirgendwo. Nicht im Lido, nicht im Restaurant, nicht bei einer Stadtbesichtigung, nicht auf dem Sonnendeck, nicht beim Kapitänsempfang. Nirgends. Und jetzt haben die auf einmal denselben Anhänger an der Tasche. Und braun sind sie auch noch. Merkwürdig!

Ist das eine Intrige? Lauert hier irgendwo »Vorsicht Kamera«? Oder was?

Nein, hier lauert etwas anderes: die Gefahr, ins Grübeln zu verfallen. Tun Sie's also nicht. Nähren Sie keinerlei Zweifel an sich, indem Sie etwa Ihre Sehkraft infrage stellen. Fürchten Sie auch nicht, dass Ihre Aufmerksamkeit schwächelt. Oder generell Ihre sinnlichen Wahrnehmungsfähigkeiten durch den Prozess einer beschleunigten Alterung an Kraft und Zuverlässigkeit nachlassen. Alles falsch!

Die Lösung ist viel einfacher: Selbst kleinere Schiffe sind nun einmal verwinkelt, haben viele Decks und sind letztlich unübersichtlich. Außerdem lebt jeder während der Reise in einer Kabine. Der eine mehr, der andere weniger. Die mit dem »Mehr« sind oft die »blinden Passagiere«.

Nutzen Sie deshalb die Begegnung am Flughafen und holen Sie mit den »Aus-dem-Nebel-Aufgetauchten« einen kleinen Plausch nach. Manchmal entdeckt man gerade in diesem Moment einen ganz besonders sympathischen Menschen. Und solche Exemplare wollen wir doch überall auf unseren Reisen kennenlernen.

Wer das *nicht* will, ist zwar kein »blinder Passagier«, aber ein *blinder* Passagier: blind gegenüber den schönen Dingen des Lebens – und ihren freundlichen Vertretern.

Boarding Card

Bevor der Kreuzfahrtreisende an Bord seines Schiffes gehen kann, bekommt er beim »Check-in« seine Bordkarte in die Hand gedrückt – und hat sie fürderhin bei sich. Trägt sie doch einen Code, mit dem er die Kabinentür in sein eigenes Reich öffnen kann, an Bord zahlt und mit dem er identifiziert wird, wenn er das Schiff verlässt bzw. wieder betritt.

Mithilfe dieser Karten kann also immer präzise ermittelt werden, ob alle Passagiere vor Verlassen eines Hafens wieder an Bord sind. Das ist meistens der Fall. Aber manchmal auch nicht.

So geschehen im gottverlassenen Örtchen Tobermory in der Georgian Bay, die auf der kanadischen Seite des »Lake Huron« liegt. Der gehört zu den »Großen Seen« im Norden Amerikas, also zu einer Region, wo sich nicht Fuchs und Hase »Gute Nacht« sagen, sondern Bär und Wolf.

Unweit von ebendiesem Tobermory befindet sich

ein Naturschutzgebiet, wo sich »Flowerpot Island« befindet. Der Name stammt von Felsformationen an den Rändern der Insel, die durch Wind und Wellen geformt die Gestalt von Blumentöpfen (»Flowerpots«) angenommen haben.

Das Kreuzfahrtschiff, das auf den großen Seen Nordamerikas kreuzte, tenderte nun seine Passagiere gen Tobermory. Dort bestiegen sie ein kleines Ausflugsschiff, um sich die Inselwelt mit den Flowerpot-Formationen anzuschauen. Sie gingen hier und da an Land und genossen die Einsamkeit der kanadischen Provinz Ontario. Anschließend brachte das Ausflugsschiff die Passagiere zurück nach Tobermory, von wo alle zum Schiff zurückgebracht wurden.

Alle? Nicht ganz. Einer fehlte!

Zunächst wurde angenommen, seine Bordkarte sei nicht richtig von der Maschine gelesen worden. Also schauten dienstbare Geister in der Kabine des vermissten Passagiers nach. Doch dort war er nicht. Auch auf den Ausruf über die Bordlautsprecher erfolgte keine Reaktion. Nun wurde seine Frau gesucht – die laut Boarding Card »an Bord zurück« registriert worden war.

Man fand sie schließlich im Restaurant und fragte, ob sie wisse, wo der Gemahl abgeblieben sei. Ihre Antwort erzählte jedoch mehr über sie als über den Verbleib des Göttergatten. Sie lautete nämlich: »Weiß ich nicht. Und ehrlich gesagt, interessiert es mich auch nicht. Ich habe schon drei unter die Erde gebracht, da kümmert mich der Vierte auch nicht mehr!« Damit aß sie weiter und scherte sich einen Teufel um den Verschollenen.

Tja, da lag nun der Schwarze Peter beim Schiff. In der Wildnis konnte man den Mann schlecht zurücklassen, zumal man nicht genau wusste, wie wild die Wildnis wirklich war. Also versuchte die Brückenbesatzung Kontakt mit dem Chef des kanadischen Ausflugsschiffes aufzunehmen. Der war zwar schon zu Hause, machte sich aber noch einmal auf den Weg und klapperte die drei Kneipen in Tobermory ab, wo der Verschollene vielleicht versackt sein konnte. Zumindest hielt das niemand für unmöglich angesichts der charmanten Reaktion seiner Ehefrau. Das Ergebnis: nichts! Dort war er auch nicht.

Inzwischen setzte die Dunkelheit ein. Also warf der Chef des Ausflugsschiffes noch einmal den Motor an und fuhr die Strecke erneut ab. Vielleicht hatte der Vermisste ja auf der Insel vergessen, rechtzeitig wieder an Bord des Ausflugsdampfers zu kommen – und irrte nun über das verwaiste »Blumentopf«-Eiland.

Und genau so war es.

Da der Vermisste aber ein praktisch denkender Mann war, hatte er sich schon »ein bisschen umgesehen«, wo und wie er die Nacht verbringen konnte. »Overnight« einmal anders. Und vor allen Dingen möglicherweise »very long«, denn diese Insel war keine typische Wochenenddestination für Bewohner aus der Umgebung. Sie war und ist unbewohnt!

Als der Vermisste das Ausflugsschiff durch die abendliche Stille der kanadischen Wildnis tuckern hörte, stürmte er zum Anlegesteg und machte auf sich aufmerksam, wie es Robinson Crusoe nicht hätte besser machen können.

An Bord des Tenderbootes, das ihn zum Kreuzfahrtschiff zurückbrachte, fragte er ein Mitglied der Crew, ob schon jemand mit seiner Frau gesprochen habe. Als der bejahte, wollte er wissen, was sie gesagt habe. Das konnte und wollte das Crew-Mitglied natürlich nicht sagen – und druckste deshalb ein bisschen herum.

Daraufhin schaute der Mann über die Weite der Bucht in Richtung des Schiffes und murmelte nur: »Ich weiß schon …«

Während der weiteren Tour über die »Großen Seen« wurde von »Mr. Flowerpot« und seiner »Princess Charming« – so ihre inoffiziellen Bordnamen – nichts mehr bekannt. Mr. Flowerpot wurde erst wieder bemerkt, als er die Kosten seiner Bergung, die dem Schiff durch sein Fernbleiben entstanden waren, auf seiner Rechnung fand. Er reklamierte den durchaus sportlichen Betrag aber nicht, sondern zog den Zahlvorgang zügig durch, weil »Princess Charming« gewohnt übellaunig neben ihm stand.

Und was lernen wir daraus? Genau: Keiner geht verloren – auch wenn sich das mancher wünscht. In diesem Fall vielleicht sogar beiderseits.

»Chef«

Wollten Sie schon immer mal mit Ihrem Chef shoppen gehen? Es gibt Kreuzfahrtschiffe, die das als Programmpunkt an Land anbieten. Dabei ist der »Chef« allerdings der Küchenchef (➤ »*Küche*«). Ab und an muss der nämlich auch den Bauch des Schiffes nachfüllen, weil die Passagiere vieles daraus in ihre eigenen umgefüllt haben.

Bei dieser Gelegenheit kann man mit ihm auf den Markt gehen. Keine Angst, da werden nicht ganze Paletten eingekauft – die Sie dann schleppen müssten. Die großen Lieferungen kommen aus dem Heimathafen der Reederei per Container, werden am Kai angeliefert und von der ganzen Besatzung im Schiff verstaut. Das passiert meist dann, wenn der Passagierwechsel stattfindet, weshalb es die meisten nicht mitbekommen.

Nein, wenn der »Chef« mal zwischendrin ausrückt, dann geht es meistens um »kleinere« Portionen. Vier Thunfische, hundert Hummer, drei Körbe Radieschen. Oder so. Sie können ihm dabei über die Schulter schauen – und Interessantes aus der kulinarischen Welt erfahren.

So kann man zum Beispiel auf einem Markt in Indonesien Früchte kennenlernen, von denen man noch nie gehört hat. Geschweige denn weiß, was man davon essen soll – oder wie man sie schält: *Annonen* etwa, deren unzählige Kerne von cremigem, aromatischem Fruchtfleisch umgeben sind. Oder *Karambolen*, deren süßsaures Fruchtfleisch mehr oder minder von den Kernen gelutscht werden muss. Die großen fünfkammerigen Früchte der wenig appetitlich klingenden *Stinkfrucht* schmecken übrigens süßlich-cremig (Nix da: »nomen est omen«). Und die *Schlangenhautfrucht* – mein persönlicher Favorit – ist ein traumhafter Durstlöscher.

Noch einen Vorteil hat ein solcher Marktbesuch mit dem »Chef«: Meist kommt ein Orts-, Sprach- und Esskundiger mit, dem man ein Loch in den Bauch fragen kann. Nein, in den Bauch besser nicht. Schließlich geht's ums Essen …

Egal: Solch ein kundig geführter Marktbesuch ist ein farbenprächtiger Überblick über die nutzbaren Früchte und Gemüse einer Region, die die anderen Passagiere nur im Bus bereisen. *Ihre* Eindrücke aber, werter Marktbesucher, sind sinnlicher, frischer und eine köstliche Alternative zu den abendlichen Gelagen an Bord. Und Fotos werden Sie machen, bis der Chip im Apparat leise dampft.

Als Erinnerung an solche Marktbesuche
bereiten sich eingefleischte Südseefans gerne
dieses Rezept zu.
Allen anderen sei's ans Herz gelegt: Der
Thunfisch-Salat »à la Tahitienne« schmeckt
herrrrrrlich:

1 kg Thunfisch (»fangfrisch« wäre toll, ist
daheim aber eine Herausforderung)
4 kleine Tomaten
1 große Zwiebel
2 Mohrrüben
6 Limetten (!)
Salz
ein halber Liter Kokosmilch

Zunächst den Thunfisch in viereckige Stücke
schneiden (ca. 1–2 cm dick) und in 1 l Salzwasser 10 Minuten marinieren.
Jetzt die Kokosmilch herstellen: Man gibt dazu
das klein gehackte Fleisch einer Kokosnuss
zusammen mit dem in der Nuss befindlichen
Kokoswasser und 400 ml Wasser nach und
nach in einen Mixer und zerschnetzelt das
Ganze. Wenige Minuten später ist daraus eine

dickliche Flüssigkeit geworden, die nur noch
durch ein Tuch abgepresst werden muss.
Jetzt die Salzwasser-Marinade abpressen und
den Fisch mit dem Saft der Limetten gut
durchmischen.
Salzen nach Bedarf.
Das klein geschnittene Gemüse mit dem Fisch
mischen.
Vor dem Servieren die Kokosmilch dazugeben
und nochmals gut durchmischen.

C&A (Crew & Alkohol)

Die jahrhundertelang gepflegte Einstellung zur seemännischen Alkoholaufnahme (➤ »*Irrglaube*«) hat
sich bei einigen amerikanischen Reedereien ins hu-
morlose Gegenteil gewandelt.

Nun ist zwar die Maxime 0,0 Promille für die Crew
während der Dienstzeit auf jedem Schiff, das dampft
und segelt, absolut korrekt und richtig. Doch absolut
puritanisch ist es, wenn auch die Freizeit darin einbe-
zogen wird. Und genau so geht es auf manchem ame-
rikanisch gemanagten Schiffen zu. Denn auch in der
Freizeit gilt dort: 0,0 Promille.

Der weit gereiste Cruiser weiß natürlich, dass Regeln das eine sind, ihre Einhaltung aber das andere. Doch auch dafür hat die Reederei, von deren Gebräuchen hier die Rede ist, einen Weg gefunden: Jedes Crew-Mitglied hat nämlich eine »Manning-Nummer«. Dieser Begriff kommt von Man = Person und ist ein Code, unter dem das betreffende Crew-Mitglied in der Angestelltendatei der Reederei geführt wird.

Nach dem Zufallsprinzip sucht nun die Reederei regelmäßig Manning-Nummern heraus und mailt sie an den Kapitän. Der lässt dann die betreffenden Crew-Mitglieder aus ihrer verdienten Freizeit holen, damit sie pusten. Hat der so Kontrollierte nicht 0,0 Promille vorzuweisen, markiert der nächste Hafen das Ende seines Arbeitsverhältnisses mit der Reederei.

Wie gesagt: 0,0 Promille im Dienst ist – keine Frage – richtig. Aber dass die meist jungen Menschen nach vollbrachtem harten Arbeitstag am Gast – mit dem sie ja wochenlang »unter einem Dach« zusammenleben – mit ihren Kollegen nicht mal einen zischen dürfen, grenzt schon an vergangen geglaubte Südstaaten-Plantagenherrenmentalität und Leibeigenschaft.

In dieser Hinsicht zeichnet sich leider ohnehin ein ernst zu nehmender Trend in der Schiffsbranche ab. Während amerikanische Reedereien einerseits immer abgefahrenere Superlative auf ihren Schiffen einbauen lassen (➤ »*Superlative*«), suchen sie andererseits immer billigere Arbeitskräfte an Bord. So werden deutsche Offiziere gerne durch italienische oder osteuropäische ersetzt, weil sie weniger Heuer verlangen. Das gleiche Schicksal ereilt inzwischen die Philippinos, die durch Inder, Pakistani oder Menschen aus den Kriegsregionen des Nahen Ostens ersetzt werden. So erzählte ein Syrer dem Autor, dass es für ihn geradezu paradiesisch sei, wenn er an Bord eines Schiffes täglich zu essen bekomme, ein Bett habe und den nächsten Tag in Sicherheit erleben dürfe. Dass er dafür sogar noch 300 Euro im Monat (!) bekomme, erscheine ihm wie ein Geschenk des Himmels.

In einem heiteren Buch über die Freuden der Kreuzfahrt sind solche Hinweise vielleicht starker Tobak. Aber sie gehören dazu und erinnern uns Reisende daran, wie sehr wir das Privileg, so Ferien machen zu dürfen, genießen sollten – und wie sehr wir diejenigen, die uns dabei helfen, schätzen und achten sollten. Dazu gehört, ihren guten Job im Beurteilungsbogen zu loben (➤ »*Beurteilungsbogen*«) – und ein ordentliches Trinkgeld für ihre Arbeit an Bord zu geben! (*Bd. 1* ➤ »*Philippinos*« *und* »*Trinkgeld*«) Und zwar allen! Auch denen, die man nicht sieht.

Das erste Schiff

Bei manchen ist der Name des ersten Schiffes ins Ge-
dächtnis eingegraben wie der Kosename der ersten
Freundin (oder des ersten Freundes).

Na ja, vielleicht nicht ganz so tief. Schließlich tritt
»das erste Schiff« meist erst dann in unser aller Leben, wenn wir schon ein bisschen abgebrühter sind.
Rein äußerlich dürfte das erste Schiff ohnehin keine
prinzipielle Ähnlichkeit mit der ersten Freundin haben. Solch kolossale Erscheinungen wünscht man keinem an die Seite. Zum Kuscheln ist der weiße Stahl
überdies auch nicht geeignet. Und in die Ferne hat
einen die erste Liebe auch nicht *wirklich* getragen.
Aber sie hat das Herz in höchste Höhen geführt. Und
die Gedanken hinter den damals noch übersichtlichen
Horizont.

So schwebte dann der Geist über allen Wassern, die
Welt wurde groß und schön, im Innern wurde Weite
spürbar und unter den Flügeln wirkte »die Macht der
Fantasie«.

Ähnlich beflügelnd wirkt das erste Schiff auf manchen männlichen Passagier. Besonders wenn er schon als Kind von den Weiten der See geträumt hat.

Passagierinnen urteilen dagegen oft anders. Bei ihnen kommt es weniger auf das erste Schiff an als auf den ersten Kapitän. Es gibt nämlich gar nicht mal so wenige Damen, die ihren Kapitän durchaus attraktiv finden – und sich sehr gut vorstellen können, mit ihm maritim zu werden. Nicht nur wegen der schmucken Uniform!

Wie dem auch immer sei: Das erste Schiff samt Kapitän schimmert unverhohlen in glorreicher Überhöhung mit einem Lorbeerkranz aus Licht und güldener Verherrlichung in unsere Wirklichkeit hinein. Und wir erinnern uns gerne an kleine Begebenheiten und Details der ersten Reise.

Zum Beispiel an die Dame, die bei einer Atlantiküberquerung am vierten Seetag an Deck trat, einen kurzen Blick über die Reling warf, wo kein Krümel Festland weit und breit zu sehen war, sondern nur eine unendlich scheinende Wasserfläche, und sagte: »Ach, *hier* sind wir schon!« Dann machte sie kehrt und verschwand unter Deck, um sich erneut an der Bordbar hochprozentigen Themen zuzuwenden.

Auf manche First-Time-Cruiser machen solche Auftritte mächtig Eindruck, scheinen sie doch von Weltläufigkeit und maritimen Detailkenntnissen zu zeugen. Vielleicht ist das der Grund, weshalb man dieser Geschichte immer wieder in Erzählungen begegnet. Andererseits gibt es immer wieder Passagiere, die selbst gerne einen solchen Auftritt zelebrieren. Zur eigenen Erheiterung oder der ihrer Mitreisenden.

Manche erheitern auch die Crew. Wie die ältere Dame, die, kurz nachdem sie an Bord gekommen war, zur Rezeption ging und vordergründig einen kleinen Plausch zu halten vorgab – in Wirklichkeit aber einer drängenderen Frage nachging. Nach einiger Zeit spürte das die junge Frau an der Rezeption und kürzte den netten Schnack mit der Frage ab: »Gibt es etwas, mit dem ich Ihnen helfen kann?«

»Nun«, antwortete die alte Lady, »wenn Sie schon so freundlich fragen, dann wüsste ich gerne, wann wir ablegen?« Und ehe sie eine Antwort bekam, lehnte sie sich zu ihrem Vis-à-vis hinüber und flüsterte verschwörerisch hinter vorgehaltener Hand: »Ich müsste nämlich mal dringend auf die Toilette.«

Tja, ein Schiff ist nicht die Eisenbahn. Wobei wir uns gar nicht vorstellen wollen, wie sich die ältere Dame die sanitäre Entsorgungsfrage an Bord ihres Schiffes vorgestellt hat. Dennoch ist das immer wieder ein gern genommenes Thema. (*Bd. 1* ➤ »*Vakuumtoilette*«)

Überhaupt scheint die ungewohnte Umgebung manchen maritimen Erstling nachhaltig zu verwirren. Anders ist es nicht zu erklären, wie es zu der Frage kam, die eine Passagierin kurz nach dem Einschiffen stellte. Sie lautete: »Legen eigentlich alle Decks gleichzeitig ab?«

Selbstverständlich nicht, ist man geneigt zu erwidern: Zuerst legen natürlich die Suiten-Kabinen des obersten Decks ab. Wenn dieses Deck ins Wasser gestürzt ist, schiebt sich das darunterliegende vom Kai weg und stürzt ebenfalls in die Tiefe, damit sich so Deck für Deck vom vertäuten Schiffsrumpf am Kai lösen kann, bis alle im Hafenbecken liegen – und kein Passagier das Ablegemanöver überlebt hat.

Was geht Menschen, denen die Natur ein Hirn mit auf den Lebensweg gegeben hat, bei einer solchen Frage wohl durch den Kopf? Maritime Nebelschwaden? Ein laues Lüftchen transzendentalen Nichts? Oder sind die Ohren einfach so luftdicht verschlossen, dass sich dazwischen ein Vakuum gebildet hat?

Vielleicht liegen solche Fragen auf dem ersten Schiff aber auch daran, dass die Welt an Bord eine ganz eigene ist. Hinter den Kulissen ist sie zwar streng durchstrukturiert, aber den Passagieren wird nur die leichte, heitere, serviceorientierte und entspannte Seite gezeigt. Vielleicht führen die entspannungsfördernden Dienstleistungen der Crew ja bei einigen Passagieren zur völligen Verkennung selbst offensichtlichster Zusammenhänge.

So fragte ein Passagier im Angesicht der Treppen, mit denen man an Bord die anderen Decks erreicht: »Führen diese Treppen nach oben oder nach unten?«

Ein anderer Gast machte sich nicht zu wenig Gedanken über das, was er gehört hatte, sondern eindeutig zu viel. Er war sehr konzentriert den Instruktionen der Seenotrettungsübung gefolgt, bei der für den unwahrscheinlichen Fall einer Havarie klare Handlungsanweisungen gegeben worden waren. (*Bd. 1* ➤ »*Drill*«)

Im Anschluss daran bewies ebendieser Gast, dass er ein ordentlicher Mensch war, indem er von einem Crew-Mitglied wissen wollte: »Wenn das Schiff untergehen sollte, wo muss ich danach die Rettungsweste wieder abgeben?«

Nun, in einem solchen – wie gesagt unwahrscheinlichen – Fall darf jeder seine Rettungsweste mit nach Hause nehmen und sie sich als Trophäe neben die Hirschgeweihe an die Wand hängen. Daneben kann man Kerzen aufstellen und dem lieben Gott dafür danken, dass er einem die Gelegenheit gegeben hat, dieses orangefarbene Styropor-Monster überhaupt zu Hause aufhängen zu können.

Bis es dazu kommt, sollte sich jedoch jeder Tag für Tag an Bord freuen, weil er eine herrliche Zeit auf diesem Schiff verbringen kann. Sei es nun seine erste oder bereits die 78. Seereise. Denn Dankbarkeit dem Leben gegenüber – oder wem immer man danken möchte – hebt das Glücksgefühl ungemein. (➤ »*Zum Glück*«)

Zu dieser Freude über glückliche Tage an Bord gehört auch die Einsicht, dass das Naheliegende nicht immer das Richtige sein muss. Zum Beispiel die oben erwähnte Styropor-Rettungsweste in leuchtendem Orange. Die veranlasste einen Passagier nämlich auf seinem ersten Schiff, folgende Bitte an die Dame vom Housekeeping zu richten: »Könnte ich vielleicht ein anderes Kopfkissen bekommen? Das orangefarbene ist mir doch irgendwie zu hart.«

Datumsgrenze

Versetzen Sie sich in folgende »schreckliche« Lage: Sie fahren mit einem weißen Dampfschiff von der türkisblauen Südsee-Lagune Bora Boras los, schaffen die Anlandung auf dem oft von starker Dünung umgebenen Atoll Aitutaki – wo Sie auf der Hochzeitsinsel ein erfrischendes Bad nehmen –, schwimmen am nächsten Tag durch die türkisblaue Muri-Lagune auf Rarotonga, wo Sie einem Steinfisch in letzter Sekunde ausweichen können, und betten sich am Ende des nächsten Seetages auf Ihrem Lieblingsdampfer zur Ruh.

Des Nachts dampft Ihr Schiff auf dem Weg zu den Fidschi-Inseln durch milde See und warmen Wind westwärts. Sie träumen selig von Hula-Hula-tanzenden Inselschönheiten (oder Bastrock-bewehrten athletisch gebauten Insulanern – je nach Geschmack).

Am nächsten Morgen erwachen Sie – und stellen fest: Es ist derselbe Tag wie gestern. Genauer gesagt: Es ist dasselbe Datum wie gestern. Einfach so.

Sind Sie über Nacht im falschen Film gelandet? Gilt ab sofort: »Und täglich grüßt das Murmeltier«? Oder haben Sie am Abend zuvor Unmengen Alkohol zu sich genommen und nun den Überblick verloren? Oder hat Ihnen jemand eine euphorisierende Droge ins abendliche Kräutersüppchen getan, damit der Urlaub immer und immer wieder schön und schöner wird?

Alles falsch! Sie haben einfach nur die Datumsgrenze passiert.

Fährt das Schiff über die Datumsgrenze von Ost nach West, haben zwei Tage dasselbe Datum. Macht es das von West nach Ost, fällt ein kalendarischer Tag samt Datum aus. In der Merk-Lyrik des Seemannes heißt das:

> *Von Ost nach West*
> *halt's Datum fest.*
> *Von West nach Os(t)*
> *lass' Datum los.«*

Aber wie kann das sein?

Die Antwort ist einfach und zu allem Überfluss auch noch logisch: Es gibt beim Reisen über größere Strecken in Richtung Ost oder West ja immer wieder Zeitumstellungen. Ganz unspektakulär. Wenn Sie zum Beispiel vom europäischen Kontinent nach England schippern, müssen Sie die Uhr eine Stunde zurückstellen. Geht es weiter nach New York, sind es sechs Stunden, in Los Angeles sind es neun Stunden, in Hawaii zehn Stunden und auf der Datumsgrenze sind es genau 13 Stunden (zu unserer Zeit in Deutschland, wenn uns nicht gerade die Sommerzeit die Tage verlängert) – oder zwölf Stunden weniger als die Greenwich Zeit.

Damit ist klar, dass die Datumsgrenze genau auf der entgegengesetzten Seite des Nullmeridians von Greenwich liegt. Und damit ist die Datumsgrenze also in die eine wie die andere Richtung jeweils 12 Stunden von Greenwich entfernt. Macht 24 Stunden. Das ist zwar bei allen Längengraden so, dass sie einmal um den Globus herum 24 Stunden Zeitunterschied haben. Aber die Datumsgrenze ist laut internationaler Vereinbarung (»nomen est omen«) der Ort, an dem der neue Tag kalendarisch (!) beginnt. Nur deswegen bemerken wir es.

Die Schwelle zum neuen Tag wurde übrigens deshalb in die Abgeschiedenheit des Pazifiks gelegt, weil es dort sehr wenig Menschen gibt, die diese ideelle Linie zu häufig überfahren könnten. (Von »übertreten« kann bei der Meerestiefe sowieso nicht die Rede sein.)

Wer gerne Geburtstag feiert, sollte also dorthin schippern und die Datumsgrenze von Ost nach West überqueren – dann kann er zweimal feiern. Und wer ihn nicht wahrhaben will, fährt einfach in umgekehrter Richtung drüber. Macht man das rechtzeitig und jedes Jahr, kann man irgendwann auf die Frage, welchen Geburtstag man gefeiert habe, mit Fug und Recht »den 39.« antworten – für die nächsten Jahrzehnte.

Das setzt allerdings eine Dauerkarte für die Südsee voraus. Und einen Geburtstag, der nicht in die Zyklonsaison (*November bis März*) fällt. Sonst wird einem nicht mulmig, weil man älter wird, sondern wegen des taifunbedingten Durcheinanders auf dem in dieser Jahreszeit »Gar-nicht-so-stillen-Ozean«.

Deck

Auch wenn grundsätzlich an Bord von Kreuzfahrtschiffen eine gewisse libidinöse Enthemmung zu beobachten ist, ist »Deck« kein Imperativ zu frivolem Tun.

Vielmehr ist dabei die Rede von den verschiedenen »Stockwerken« im »Bauwerk« Schiff. Es handelt sich also um begeh- und bewohnbare Ebenen auf verschiedenen Höhen über oder unter der Wasseroberfläche.

Manche Decks kommen hie und da mit dem Meerwasser in Berührung – wie das Backdeck (gerne auch als »Vorschiff« bezeichnet, obwohl es fest mit dem »restlichen« Schiff verbunden ist und von der Brückencrew immer im Auge behalten wird, damit sich das nicht ändert). Andere Decks kommen nie mit Meerwasser in Berührung – wie diejenigen im Innern des Schiffes.

Mal so und mal so ergeht es dem Promenadendeck, das – wie der Name schon sagt – zum Promenieren da ist. An guten wie an schlechten Tagen. Gut, an den schlechten drehen dort nur die ganz Harten ihre Runden. Aber schlechtes Wetter ist ein vorübergehendes Ereignis auf Kreuzfahrtschiffen. Denn der Captain verfügt auf der Brücke über ein ausgeklügeltes meteorologisches Informationssystem, durch das er nicht nur sehen kann, was kommt, sondern auch sieht, wo es besser ist. Notfalls fährt er dann einfach dorthin – wie es der Berichterstatter auf einer Südsee-Reise erlebt hat.

Auf dem Weg von Französisch-Polynesien nach Neukaledonien ließ der Captain nämlich das gerade von einem mittleren Zyklon geschüttelte Tonga ungerührt links liegen und steuerte stattdessen Samoa an. So blieb dem Schiff und seinen Passagieren eine stürmische Begegnung erspart und seine zweibeinige Fracht lernte außerplanmäßig die samoanische Hauptstadt Apia kennen.

Doch zurück zum Promenadendeck. Bedauerlicherweise findet sich dieses Deck immer seltener auf modernen Schiffen, obwohl man dort nicht nur seine morgendlichen Jogging-Runden drehen kann, sondern sinnvollerweise generell ein bisschen »Auslauf« hat. Das federt an Seetagen nicht nur die Volumen-Zunahme in der Äquatorialregion der Passagiere ab, sondern beugt auch potenziellem Schiffskoller vor. (Bd. 1 ➤ »Schiffskoller«)

Allerdings wird das Promenadendeck von Schiffbauern immer öfter eingespart, weil sie die räumlichen Voraussetzungen schaffen müssen, die Passagier-Kapazitäten der neuen Schiffe zu erhöhen. Sie bauen deshalb die Kabinen über die gesamte Höhe und Breite (!) des Schiffes – bis an die Außenbordwand. Die Folge: Das Schiffsdesign nähert sich bei allen Neubauten immer mehr der Gestalt eines Kastens an und die Auslaufmöglichkeit verschiebt sich nach oben, auf die Vergnügungsdecks – und nach innen. Denn mit zunehmender Breite der Schiffe wird inzwischen gerne eine Art »Innenhof« angelegt – mit Shopping-Arkaden, Sportmöglichkeiten und einem Open-Air-Theater. Das gute alte Promenadendeck bleibt dabei bedauerlicherweise auf der Strecke und ist bereits heute eine Rarität.

Zum Thema Schiffsdecks gehört auch ihre Namensgebung. Auf der Titanic bekamen sie einfach nur Buchstaben, wobei natürlich A für die erste Klasse reserviert war, die sich oben befand, und C für die dritte Klasse. Diese Kennzeichnung genügte vollkommen, weil die Passagiere der verschiedenen Klassen deckweise voneinander getrennt waren.

Heutzutage sollen sich jedoch alle Passagiere auf den verschiedenen Decks zurechtfinden. Deshalb haben Reedereien eigene Systeme von Deck-Namen zur Orientierung geschaffen. (*Diese »Deck-Namen« haben übrigens nichts mit den Schlapphüten der Spionage-Szene zu tun.*)

Auf manchen Schiffen – wie z. B. denen der AIDA-Flotte, den Queens von Cunard, denen von Royal Caribbean und Hurtigruten – sind die Decks ganz klassisch von der Wasserlinie aufwärts durchnummeriert. Andere – wie die italienische »MSC Divina« – machen ihrem Namen Ehre und benennen die Decks nach Göttern: von »Elios« (*dem griechischen Sonnengott*) bis »Saturno« (*dem römischen Gott des Ackerbaus*). Die ebenfalls italienische Reederei Costa benennt die Decks auf ihrer »Pacifica« nach bekannten musikalischen Themen wie etwa »Volare«, »Summertime« oder »Adagio«. HAPAGs Expeditionsschiff »Hanseatic« bietet Orientierungshilfen mit »Marco Polo«, »Amundsen« und »Darwin« an. Und »Mein Schiff« wählt Begriffe, die man vom Urlaub an Nord- und Ostsee kennt: »Krabbe«, »Muschel« oder »Boje« etwa.

Was ist letztlich schöner? Schwer zu sagen. Denn nur über Geschmack lässt sich vortrefflich streiten. Über Tatsachen braucht man nicht unterschiedlicher Meinung zu sein.

Deshalb sei hier nur der Vorteil der Nummerierung

erwähnt: Da weiß man, dass das Deck 9 über Deck 7 liegt. Eine Aussage, die sich bei »Elios« und »Saturno« nicht auf den ersten Blick erschließt. Wobei man aber sicherlich auch das lernen kann. Oder auch nicht. So fragte eine Passagierin, die eine Kabine auf Deck 9 gebucht hatte und auf Deck 3 das Schiff betrat: »Muss ich jetzt zu meiner Kabine die Treppe runter?«

Mancher Passagier, der zum ersten Mal die Welt der Seefahrt betritt, versucht sich die Begriffe der maritimen Umgebung mithilfe seines Alltagswissen zu erklären. Das muss nicht immer von Erfolg gekrönt sein, sondern kann bisweilen auch auf die falsche Fährte führen.

So stand ein Ehepaar aus dem sonnigen Schwabenland unter Deck vor einer schematischen Darstellung des Schiffs, um herauszufinden, an welcher Stelle des Schiffes sie sich gerade befanden.

Voller Konzentration betrachteten sie den Plan, als »sie« etwas entdeckte und zu »ihm« sagte: »Jetz gugg amol do häre! Die hend doch daadsächlich ihre Deggs noch Flisse gnennt. Do schdood ›Main Deck‹. No hend dia beschdemmd ao a ›Neckar Deck‹! Komm, hälf amol sucha. Streng daine Glotzbebbel a.«

(*Übersetzt lautet das: »Jetzt schau doch mal. Die haben tatsächlich ihre Decks nach Flüssen benannt. Da steht es: ›Main Deck‹. Dann haben die bestimmt auch ein ›Neckar Deck‹. Jetzt hilf mir mal suchen.«*)

Aber selbst wer des Englischen mächtig ist, kann auf Irrwege geraten. So studierte eine Passagierin, die zum ersten Mal mit der Queen Mary 2 den Atlantik überquerte, in ihrer Kabine das komplette Unterhaltungsangebot auf den Decks der Königin mithilfe einer Broschüre. Dort stand in alphabetischer Ordnung, was es an Vergnüglichem an Bord zu erleben gibt. Zwischen der Bar »Sir Samuel's« auf Deck 3 und der »Terrace Bar« auf Deck 8 stand »Tender Lounges« auf Deck 1. In diesen »Tender Lounges« stach der Dame, die ein Fan von Portweinen war, sogleich das englische Wort dafür ins Auge – nämlich »port«. Also befand sie, diese Bar wolle sie mit ihrem Gemahl unverzüglich aufsuchen, um sich einen gepflegten Portwein zu genehmigen. Eine kulinarisch logische Assoziation, da der Genuss von Portwein in England einen hohen Stellenwert und eine lange Tradition hat.

Als sie wenig später auf Deck 1 ankamen, wurde ihr klar, dass das »tender« in dem Wort »Tender Lounges« nichts mit F. Scott Fitzgeralds Bestseller »Tender is the night« (»*Zärtlich ist die Nacht*«) zu tun hatte, sondern eine präzise Bezeichnung dessen war, was sich an diesem Ort tagsüber abspielt: das An- und Ablegen der Tenderboote, die die Passagiere zum »port« – also dem Hafen – brachten.

Nachdem sie herzhaft gelacht hatte, schlug ihr Mann vor, dass sie nun das passende Synonym für die abendliche Freizeitgestaltung an Bord gefunden hatten: Einen Portwein in der »Tender Lounge« zu nehmen bedeutete fürderhin, eine Bar *ihrer* Wahl aufzusuchen.

Allen Schiffen gemeinsam ist übrigens, dass das oberste Deck das Sonnendeck ist, weil es den Sonnenstrahlen ungestörten Zutritt zu den röstwilligen Passagieren gewährt. (➤ *»Sonnenanbetung«*)

Das Deck darunter heißt oftmals »Lido« – und verfügt gemeinhin über ein unkompliziertes Büfettrestaurant.

Interessanterweise ging es an dem Ort, der ursprünglich mit dem Namen »Lido« geschmückt war, alles andere als unkompliziert zu. Es handelte sich dabei nämlich um das mondäne Seebad vor Venedig, wo sich die Schönen und Reichen des 19. Jahrhunderts trafen und vielerlei Etikettezwängen unterworfen waren. (*Mancher erinnert sich vielleicht an Thomas Manns »Tod in Venedig«.*)

Dessen eingedenk war das »Lido« auf früheren Kreuzfahrtschiffen auch derjenige Bereich, der den Passagieren der ersten Klasse vorbehalten war. Heute ist zwar – wie erwähnt – ebenda eine gewisse Unkompliziertheit angesagt, doch sollte man dem Gedanken des »Lido« auch heute noch einen gewissen Respekt zollen. (➤ *»Water Kant«*)

Digital

Die Aussage »Wir leben in einer digitalen Welt« wird niemanden überraschen. Auch nicht die Erkenntnis: »Kreuzfahrten sind durch und durch analog«.

Dennoch (*oder gerade deswegen?*) schleicht sich auch auf See die digitale Ablenkungsmaschinerie ein, die uns aus dem Hier und Jetzt nicht gerade ins digitale »All« beamt – aber ins »überall«.

Ursprünglich folgte der Siegeszug der digitalen Welt an Bord prachtvoller Oceanliner ganz vernünftigen Argumenten. Wer würde nicht gerne seine E-Mails an Bord verschicken können, damit die Lieben daheim Bescheid wissen? Doch blieb es nicht dabei. Denn die Versuchung war von Anfang an groß, rasch auch noch die geschäftlichen E-Mails zu checken – später dann »einige« Fotos auf Facebook zu posten. So konnte die digitale Welt und ihr Klein-klein-Denken mehr als einen Fuß ins Bordleben stellen. Und das, obwohl die digitalen Versuchungen an Land in jedem Café mit Wi-Fi befriedigt werden können.

Für die Philippinos der Mannschaft, die ihre Familien acht Monate lang nicht sehen, weil ihre Arbeitsverträge an Bord so lange dauern, ist das Internet ein

Segen. Denn via Facetime und Skype können sie kostengünstig mit ihren Familien daheim reden. (*Bd. 1* ➤ *»Philippiner«*)

Aber der Kurzzeit-Cruiser sollte die Gelegenheit beim Schopfe packen und sich eine Fastenzeit vom Netz gönnen. Genießen Sie also stattdessen die Freuden des analogen Seins. Vollkommen bewusst. Es lauern einige Highlights auf Sie, die keineswegs – wie oftmals behauptet – verloren gegangen sind, sondern einfach nur verschüttet waren.

Hier ein paar Inspirationen, sie auszugraben:

✳ Schreiben Sie eine Postkarte. Mit der Hand. Bekleben Sie sie mit der leeren Zuckertüte aus einem Straßencafé, zeichnen Sie dazu noch etwas (auch wenn Sie es nicht besonders gut können) und schicken Sie sie ab. Auf dem Landwege. Die Karte kommt vielleicht später zu Hause an als Sie, aber sie ist ein dreidimensionaler, mit den Fingern fühlbarer und somit sinnlicher Gruß aus einer Zeit des glücklichen Nichtstuns auf Ihrer Reise. Es bedarf nur etwas Witzes, Muts und Originalität, so eine kleine Urlaubscollage zu komponieren.

Das sind Grüße, die von Herzen (*des Absenders*) kommen, ans Herz (*des Empfängers*) gehen und Fernweh, Glücksgefühle und Respekt transportieren. Denn so eine Karte zeigt dem Empfänger: Ich bin für den Absender ein realer Freund, den er tatsächlich an seinem Urlaubsgefühl teilhaben lassen will – kein »sozialer Kontakt«, der seine Fotos im Netz »liken« kann oder auch nicht.

✳ Schreiben Sie die glücklichen Momente, die Sie auf dieser Reise erleben dürfen, in ein Bordtagebuch (*Bd. 1* ➤ *»Bordbuch«*). Nur für sich. Nicht für alle auf Facebook.

✳ Glück kommt selten allein, aber es verdoppelt sich, wenn man es mit einem Menschen teilt, der einem am Herzen liegt. Und der (oder die) Gute sitzt oft ganz nah! Schauen Sie ihn oder sie einmal an. Nicht kurz. Lange. Und reden Sie mit ihm oder ihr. (*Etwas, das die Digital-Slaves nicht tun, weil sie ihren Blick starr auf die Bildschirme ihrer Smartphones gerichtet halten. Schweigend. Im Anderswo.*)

✳ »Verschwenden« Sie ebenso lange, neugierige Blicke auf die wunderbar unbekannte Welt um sich herum. Es gibt dort so viel zu entdecken. Ziehen Sie also die Decke weg, statt sich ein elektronisches Brett vor die Stirn zu nageln und blind durch die reale Welt zu taumeln. Staunen Sie über das, was Sie auf dieser Reise sehen und empfinden. Und behalten Sie das Erlebte für sich! Das ist wortwörtlich gemeint.

✳ Setzen Sie sich an die Bar, wenn alle anderen bei

der Abendshow sind, und entwickeln Sie gemeinsam mit dem Barkeeper einen neuen Cocktail, dem Sie Ihren Namen geben. (*Dem Cocktail, nicht dem Barkeeper!*) Diese »Findungsphase« könnte zwar Ihr Reisebudget ein wenig strapazieren, aber es macht herrlich Spaß und ein kleiner Schwipps ist inklusive. Den brauchen Sie überdies mit niemandem zu »sharen« und können ihn sehr analog genießen. Live und in Farbe.

✳ Gehen Sie nachts aufs oberste Deck, legen Sie sich auf einen der Liegestühle (*abends sind sie immer frei*) und schauen Sie ins sternenklare Himmelszelt empor. Zählen Sie die Sternschnuppen und wünschen Sie sich was. Wirklich!

✳ Sammeln Sie etwas Hand-Festes auf Ihrer Reise: Den Sand von den Stränden, an denen Sie gebadet haben, Muscheln, Busfahrkarten, Objekte aus Museumsshops oder was immer Sie wollen – statt Weblinks und Tipps zu den Häfen auf Ihrem Computer abzuspeichern – wo sie meist vergessen werden, bis sie obsolet sind.

✳ Besuchen Sie in einem der Orte, die Ihr Schiff ansteuert, einen botanischen Garten – und riechen Sie an den Blüten, was die Nase hergibt. Riechen ist der emotionalste Sinn des Menschen – und verkümmert, wenn man ihn nicht trainiert. Das wäre nicht nur schade, sondern ist auch eine Informationsquelle, die es digital nicht gibt: Duft!

✳ Öffnen Sie nachts die Tür zum Balkon Ihrer Kabine und genießen Sie beim Einschlafen das für eine Seereise so typische Rauschen der Wellen.
(Diesen Sound kann Ihr Smartphone nicht liefern, weil jede Welle, die sich am Rumpf Ihres Schiffes bricht, einmalig ist. Sie kommt nie wieder. Im Gegensatz zu Geräuschen aus dem digitalen Orbit. Die können Sie immer und überall wieder und wieder abspielen. Also: Nutzen Sie das Einmalige. Selbst im Schlaf.) Und Sie werden sehen: Der Klang der Wellen beruhigt ungemein.

✳ Und damit Sie von Anfang an den richtigen Abstand zur digitalen Welt aufbauen können, aktivieren Sie bereits vor der Abreise die »out of office«-Funktion Ihres Mailaccounts. Merke: Wer immer erreichbar ist, gehört zum Personal!

Zum Schluss noch eine Mut machende Erkenntnis: Die Tatsache, dass Sie überhaupt diese Zeilen lesen, heißt nichts anderes, als dass Sie für die analoge Welt noch nicht ganz verloren sind. Bleiben Sie ihr deshalb gewogen. Sie ist die einzig wirkliche Welt!

Leser, denen dieser Artikel gefiel, lasen auch
»Beschweren«, »Kreuzfahrträtsel«, »Öha!«, »Son-
nenanbetung«, »Souvenir«, »Zeit« und »Zum
Glück«. ☺

Eigene Erfahrungen

Falls Sie die hier gelesenen Geschichten inspirieren und Sie die eine oder andere selbst erlebte Geschichte auf See in einem nächsten Band gedruckt sehen möchten, schreiben Sie sie mir unter:

kreuzfahrtbuch@amadeus-ag.com

Wenn sie gut ist, melde ich mich bei Ihnen. Echt. Ich liebe gute Geschichten vom Leben auf See. Deshalb Adresse nicht vergessen.

Eine eigene Welt

Kreuzfahrten üben eine besondere Faszination auf Reisende aus. Ein Schiff ist nämlich so etwas wie eine Insel. Fernab von den Gesetzen der Realität. (Natürlich nicht für die Crew. Die arbeitet hart daran, dass die Gesetze der Realität reibungslos zum Einsatz kommen. Aber für die Passagiere ist die Welt auf See so ganz anders als an Land.)

An Land wird immer wieder versucht, Mitbestimmung, Teamgeist und demokratischen Umgang miteinander zu pflegen. An Bord hingegen gibt es eine klar ausgearbeitete Zuständigkeitspyramide mit sehr präzisen Verantwortlichkeiten. Sie kulminiert in der Person des Kapitäns, der entscheidet. Das Ergebnis ist dann Gesetz an Bord. Punkt. (➤ »*Kapitän*«)

Ein weiterer Unterschied zum Leben an Land ist die ans Abergläubische erinnernde Bilderwelt des Seemanns (➤ »*Irrglaube*«), die im harten Kontrast zur komplexen Handhabung hoch entwickelter Technologien und Maschinen steht.

Außerdem kennt der Seemann für jeden Gegenstand, jede Tätigkeit und jede Person eigene Begriffe. Seeleute könnten – wenn sie wollten – so unverständlich über ihre Arbeit reden wie Ärzte. Die reden ja auch am Krankenbett über ihre Patienten, ohne dass die mitbekommen, ob sie sich – medizinisch gesehen – überhaupt noch zu den Lebenden rechnen dürfen.

Apropos »Seemannssprache«. Manchmal hilft uns Landratten die Kenntnis des Englischen, um das eine oder andere an Bord richtig einzuordnen. Wussten Sie zum Beispiel, dass auf früheren Schiffen das Ruder auf der rechten Seite angebracht war, weshalb der Steuermann den Rücken (»the back«) der gegenüberliegenden linken Seite zuwandte?

Das soll der tatsächliche Grund für die Bezeichnungen »Back- und Steuerbord« sein. Nicht die Annahme, dass sich früher auf der linken Schiffsseite die Schiffsbäckerei befunden haben soll. (*Lachen Sie nicht, solche Erklärungen hat es schon gegeben. Sie ist übrigens nur eine von ca. 200 Deutungsversuchen für beide Begriffe.*)

Bei einer weitaus einfacheren Frage stand jedoch ein Gast aus dem Land der Dichter, Erfinder und Komponisten – dem schönen Sachsen – vor einem Rätsel, das er nicht lösen konnte. Zu seiner Entschuldigung sei gesagt, dass er zu der Generation Deutschen gehörte, denen als erste Fremdsprache Russisch eingetrichtert worden war.

Überdies erleichterte ihm sein heimatliches Idiom das Auffinden der Lösung nicht wirklich. Ja, es erschwerte die Lösungssuche sogar, weil niemand so recht verstand, was er überhaupt wissen wollte. So stellte er nach dem ersten Rundgang über das Schiff an der Rezeption folgende Frage: »Nu, horchn Se mal, do gibbd's uf Irrm Schiff Dürn, da steht drobn ›Grewohnli‹. Was heest 'n dess?«

Die junge Frau an der Rezeption hatte mit übermenschlich feinem Ohr gleich beim ersten Mal erfasst, dass es ihm um irgendwelche Türen ging, doch verließ sie dann ihre Interpretationskunst. So fragte sie zurück: »Was steht da?«

»Nu, Grewohnli!«

Sie lächelte etwas hilflos und verstand immer nur »Grewohnli«. Also versuchte sie es mit einem konkreten Beispiel: »Gibt's hier eine Tür, wo Sie das sehen?«

»Do!« Er zeigte auf eine Tür neben der Rezeption. »Uff dere Düre do: Grewohnli!«

Sie schaute zu der Tür und fragte: »Sie meinen ›Crew only‹?«

»Nu sohch ich doch – Grewohnli!«

Auf leider nur sehr wenigen Schiffen herrscht das Prinzip der »offenen Brücke«. Das bedeutet, dass Passagiere, wenn sie Fragen haben oder wenn sie einfach mal den Offizieren bei der Arbeit zuschauen wollen, tagsüber auf die Brücke gehen können.

So trug sich bei einer Reise in die wundervolle Antarktis folgende Geschichte zu: Ein größeres Unternehmen aus Stuttgart hatte das gesamte Schiff gechartert – als Dank und Belohnung für »verdiente MitarbeiterInnen und ihre PartnerInnen« (so der offizielle Einladungstext). Naturgemäß wollten mehrheitlich die Männer auf der Brücke ihren Wissensdurst stillen. Oftmals auch erst, nachdem sie den anderen Durst an reichlich Trollinger gestillt hatten.

So saß einer der Offiziere eines nebligen Antarktis-Nachmittags vor dem Bildschirm des Radargerätes und beobachtete konzentriert den Weg der Eisberge, um dem Steuermann hilfreiche Hinweise zu geben, nicht mit einem der Weißlinge aus betonhartem Eis zu kollidieren. Weder mit den Großen, die man schon mit unbewaffnetem Auge sehen konnte, noch mit den kleineren, die wegen der schlechten Sicht nur auf dem Radar auszumachen waren.

In diese konzentrierte Stille schnellte plötzlich über die Schulter des in seine Arbeit versunkenen Seemannes ein fettiger Finger auf den Bildschirm, begleitet von einem in lauter Erregung ausgestoßenen »Isch des dr Waaal?«.

Wen's interessieren sollte: Wale selbst kann man auf dem Radar nicht sehen, weil ihre Oberfläche die Radarstrahlen nicht reflektiert. Was das geübte Auge jedoch auf dem Radar erkennen kann, sind die v-förmigen Wellen, die ihr Auf- und Abtauchen erzeugt.

Den Offizier, der diesen Passagier nicht hatte kommen hören, riss es vor Schreck fast vom Stuhl. Woran deutlich wird, dass »Zivilisten« auf der Brücke erst anklopfen und auf sich aufmerksam machen sollten, wenn sie schon in den Genuss des sehr selten praktizierten Konzeptes der »offenen Brücke« kommen (➤ *»Gut zu wissen«*). Die Wachhabenden fahren nämlich kein Tretboot über einen Baggersee, sondern ein kompliziertes Schiff durch manchmal noch komplizertere Gewässer.

Werden Wale oder Delphine von der Brücke aus gesichtet, macht die Brückenbesatzung meist eine kurze Lautsprecherdurchsage, damit ihre Passagiere diese wundersam anrührenden Meeressäuger sehen und beobachten können. Meist mit Richtungsangabe, da das Meer weit ist und selbst solche Riesenbrocken leicht übersehen werden können.

Auf die Durchsage: »Wale! Wale! Auf zehn Uhr!« fragte ein maritim noch unerfahrener Passagier, der mit seiner Gemahlin beim Lunch saß: »Trudchen, wieviel Uhr?«

»Zehn Uhr, hat er gesagt.«

»Na, da haben wir ja noch Zeit.«

Nach einer kurzen Pause, in der der Gemahl ins Grübeln gekommen war, fragte er: »Woher weiß unser Captain eigentlich so genau, dass heute Abend um zehn Uhr Wale vorbeikommen?«

Darauf sie: »Er kennt sich halt aus in diesen Gewässern.«

Für alle, die annehmen, die beiden lägen gar nicht so falsch, hier die Erklärung, was damit wirklich gemeint war:

Man stelle sich vor, das Schiff befände sich im Zentrum eines riesigen Zifferblattes und sein Bug zeige auf die 12, das Heck auf die 6. Dann ist »zehn Uhr« nicht komplett backbord (da ist die 9 auf dem Zifferblatt), sondern ein Stück (genauer 15 Grad) mehr in Richtung 12. Und genau in dieser Richtung – auf 10 Uhr – waren die Wale zu sehen.

Doch ist nicht jeder Seemann so freundlich wie die erwähnte »Forschungsgruppe Wale« von der Brücke. Als die Wellen bei herbem Wetter eine Höhe erreicht hatten, die die Stabilisatoren nicht mehr hinreichend ausbalancieren konnten, und mancher Passagier begann, seine Contenance mit Ingwerbonbons und dem einen oder anderen Schnaps zu unterfüttern, nahm sich ein Seemann eine Portion Labskaus, füllte sie in eine der überall ausliegenden Spuktüten und löffelte daraus, während er durchs Schiff ging.

Die Wirkung war durchschlagend. Zunächst auf die Gegenbewegung des Schluckapparates einiger Passagiere. Und dann als der Kapitän von dem eigenwilligen »practical joke« des Seemannes erfuhr: Der Seemann wurde nämlich blitzartig in den Maschinenraum versetzt. Dort unten hatte er keinen Passagier-Kontakt und war somit unschädlich gemacht.

Daran sieht man, dass nicht nur Seemannshumor rau sein kann, sondern auch die Reaktion darauf.

Aber das Leben auf Schiffen ist eben eine »eigene Welt«! Mit eigenen Ausdrücken. Hier eine kleine Auswahl von herrlich respektlosen Begriffen:

Augapfelnavigation	=	Abschätzen der Wassertiefe anhand von Farbschattierungen
Außenbordkameraden	=	Die Fische im Meer
Bananenjäger	=	Ein Kühlschiff
Blitz	=	Der Bord-Elektriker
Brötchentütennavigation	=	»Navigationsform« von Hobby-Seglern. Am Morgen nach dem Einlaufen erfahren sie anhand der Aufschrift der Brötchentüten beim Hafenbäcker, wo sie gelandet sind.

Die drei Eisheiligen	=	Spottname der Besatzung für den Kapitän, den leitenden Ingenieur und den Ersten Offizier
Eisbär	=	Spitzname für den Ingenieur, der die Kühlanlagen an Bord betreut
Fettkeller	=	Der Maschinenraum
Hein Janmaat	=	Die maritime Version von »Otto Normalverbraucher«
Himmelskomiker	=	Seemannspastor
Hulk (Zossen, Eimer)	=	Schrottreifes Schiff
Kabel-Ede (auf Frachtschiffen)	=	Spitzname für den Kabelgattsmann, der die schiffseigenen Werkzeuge und Arbeitsmaterialien pflegt, auch für das Tauwerk und den Farbenstore zuständig ist

Luigi	=	Der »freiberufliche« Tröster der daheimgebliebenen Seefahrer-Frauen
Süsswassermatrose oder Schwachmaat	=	Hobbysegler, die auf die Brücke kommen und sagen: »Ich habe auch ein Schiff.«
Tablettjockey	=	Spottname für den Steward
Witwenmänner	=	Nur dem Namen nach an Bord geführte Seeleute, deren Heuer für Seemannswitwen bestimmt waren

Exoten an Bord

Nicht jeder Passagier ist gut in Geografie und hat die 193 Mitgliedstaaten der Vereinten Nationen mit genauer Position auf der Weltkarte im Kopf. Im Falle einer Seereise sollte es aber zu den selbstverständlichen Vorbereitungen gehören, sich sachkundig zu machen, wo denn die Reise hingeht.

Umso erstaunlicher war die Aussage eines Salzwasser-Novizen beim abendlichen Cocktail an der Bar, als er anmerkte, dass er sich schon sehr auf »Seetag« freue. (*Er sprach es »Siitäck«, also irgendwie englisch, aus.*) Er sei zwar nie besonders gut in Erdkunde gewesen, fuhr er fort, weshalb er sich nicht wundere, dass er noch nie von einem Eiland dieses Namens gehört habe. Aber diese Destination müsse es ja wohl geben, weil sie für Morgen auf dem Programm stünde und da das Schiff weit und breit nur von Wasser umgeben sei, könne es sich ja wohl nur um eine Insel handeln.

In solchen Momenten heißt es, sein Glas sicher im Griff zu behalten, damit es nicht auf die feinstpolierte Theke schlägt. Sodann muss man sich entscheiden, ob man an dieser Stelle des Gespräches beginnen soll, sich gnadenlos zu betrinken – um mit diesem Passagier auf Augenhöhe weitersprechen zu können – oder ob man lieber das Weite sucht. An der Reling findet man davon ja jede Menge.

Weniger das Weite als vielmehr das Schwere hatte ein Passagier im Fitnessraum gesucht und gefunden. Zwei 20-Kilo-Hanteln gefielen ihm so sehr, dass er sie nicht »allein« an Bord zurücklassen wollte. Drei Tage vor Abreise schaffte er es des Abends, die Hanteln vom Gym durch mehrere Flure hindurch unbemerkt in seine Kabine zu schleppen. Nachdem er sie schließlich mit einem gewissen Nervenkitzel in die eigenen vier Kabinenwände verbracht hatte, stellte er sich die Frage, wie er sie nun von Bord bringen sollte.

Die Tatsache, dass er sich das erst jetzt fragte, legt nahe, dass er zu den affektiven Dieben gehörte, die man als »Kleptomanen« bezeichnet. Hinzukam, dass das viele Hanteltraining offensichtlich das reibungslose Funktionieren seines Hirns beeinträchtigt haben musste. Anders kann man sich den Lösungsansatz seines »Transportproblems« nämlich nicht erklären: »Versteckte« er doch die 40 Kilogramm schweren Geräte in seinem Koffer.

Wäre er ein raffinierter Dieb gewesen, hätte er voraussehen können, was am Abreisetag passieren würde. Und wäre er ein erfahrener Passagier gewesen, hätte er gewusst, dass die Führungscrew auf Schiffen nicht nur militärische Ränge trägt, sondern auch so handelt. Das Fehlen der Hanteln war nämlich bereits am Morgen nach dem Diebstahl aufgefallen, weshalb die Suche danach bereits begonnen hatte. Zunächst ergebnislos. Bis zum Abreisemorgen!

Nachdem der muskelbegeisterte Passagier in der Nacht seinen Koffer wie alle anderen auch vor die Tür gestellt hatte, damit der eingesammelt werden konnte, versuchte in der Nacht zuerst *ein* Philippino den Koffer anzuheben. Dann versuchten es zwei – und schließlich wurde ein Wagen geholt, auf dem sie das »Schwergewicht« zu dem mit Sicherheitsfragen beauftragten »Safety«-Offizier wuchteten, ehe es für die Anlandung im Hamburger Hafen freigegeben werden konnte.

Der »Safety« wusste vom Fehlen der Hanteln. *(Schiffe sind kleine Welten mit gut funktionierender Kommunikation!)* Also ließ er dem Inhaber des Koffers unter der Kabinentür eine Nachricht in die Kabine schieben, er möge doch kurz vor seiner Abreise bei ihm auf einen Sprung vorbeischauen. Und wartete.

Der Kofferbesitzer kam denn auch nach dem Frühstück federnden Schrittes zu ihm – als er seinen Koffer dort stehen sah. Auf die nassforsche Frage des Passagiers, was sein Koffer hier zu suchen habe, bat ihn der »Safety« den Koffer doch bitte zu öffnen.

»Was geht Sie mein Koffer an?«, versuchte der kleptomanisch veranlagte Passagier noch ein bisschen zu pokern.

Doch war er damit beim »Safety« genau am richtigen. Denn der blieb zwar höflich, ließ ihn aber glasklar wissen, dass er einen Blick in den Koffer werfen *müsse*.

Als der Passagier immer noch nicht einwilligte, fragte der »Safety«, ob er den Kapitän zu diesem Gespräch dazubitten solle oder ob die beiden den Blick in den Koffer unter sich klären könnten.

Da ahnte der »Hantel«svertreter, dass ein Ende mit Schrecken wohl leichter im trauten Duett zu handhaben sei als in Anwesenheit höchster Autoritäten.

Also öffnete er den Koffer und erklärte dem »Safety«, dass er manchmal unter dem unerklärlichen Drang leide, Dinge mitnehmen zu müssen.

Der »Safety« sah die Hanteln im Koffer liegen und schaute den Passagier nur ganz ruhig an. Lange. So lange, dass seinem Vis-à-vis der Schweiß ausbrach. Bis der verstand, dass er selbst die Hanteln aus dem Koffer herausnehmen sollte.

Als diese schweren Argumente auf dem Tisch lagen, hieß der »Safety« den Kleptomanen seinen Koffer wieder zu schließen: »Ich nehme an, Sie werden keine Einwände erheben, dass die Reederei keinen Wert darauf legt, Sie erneut an Bord ihrer Schiffe zu begrüßen?«

Der Passagier nickte nur und schluckte trocken.

»Gut, dann setze ich Sie auf die Schwarze Liste (➤ »*Schwarze Liste*«) und hoffe, dass ich Sie zum letzten Mal hier gesehen habe. Sie können jetzt Ihren Koffer selbst von Bord tragen. Kräftig genug sind Sie ja.«

Und so sahen die anderen Passagiere wenig später einen sehr blassen Mann über die Gangway den Hamburger Hafen betreten, der zwar sportlich durchtrainiert wirkte, aber dennoch so »angestrengt« war, dass er schwitzte wie bei einem Dauerlauf.

Ein recht beleibter Passagier, der ihn während der Reise immer wieder ob seines durchtrainierten Auftretens im Stillen beneidet hatte, sah darin die Bestätigung seines Weltbildes – und seiner eigenen Erscheinung –, als er zu seiner Frau sagte: »Da sieht man es mal wieder. Kaum muss der Kerl mal seinen Koffer selbst tragen, bricht ihm der Schweiß aus! Medikamenten-aufgepumpter Schlappschwanz.«

Das Exotische an diesem Fall ist übrigens nicht, dass es kleptomanisch veranlagte Personen an Bord gibt. Das Exotische ist, dass er sich so lange zurückgehalten hatte. Denn gemeinhin werden Passagiere mit dieser Neigung nach dem Entdecken der Tat im nächsten Hafen von Bord geschickt. Egal, wo sich der gerade befindet. Das kann eine echte Herausforderung sein, wenn dieser »nächste Hafen« in Neukaledonien liegt oder »Wladiwostok« heißt.

Manchmal begegnet man einem Exoten sogar nach Ansage durch den Captain – und zwar außerhalb des Schiffes. Mitten auf dem Meer! So geschehen auf der Queen Mary auf dem Weg von New York nach Southampton.

Am späteren Vormittag des dritten Seetages ließ der erste Mann an Bord die in vielerlei Freizeitaktivitäten verstrickten Gäste wissen, dass das Schiff in der

Nacht – kurz nach Passieren der Stelle, an der die Titanic gesunken war – ein Notruf erreicht habe. Da die Queen Mary dem um Hilfe Rufenden am nächsten sei, habe er eine Kursänderung veranlasst. Deshalb sei der größte Atlantik-Liner auf Hilfskurs und werde in einer Viertelstunde die Stelle erreichen, wo er gebraucht werde. Und zwar an der Backbordseite.

Nun ist bei einer Atlantiküberquerung – egal auf welchem Schiff – viel im Bordprogramm geboten. Dass aber ein Anlass von außen das Bordleben durcheinanderbringt, ist mehr als ungewöhnlich. Davon abgesehen ließ spätestens der Hinweis auf die Titanic das Kino in jedermanns Kopf anspringen. Also machten sich nach dieser Ansage alle (!) auf den Weg zum Promenadendeck, um sich ein Plätzchen an der Backbord-Reling zu sichern. Passagiere, Offiziere, Stewards – alle standen bunt durcheinandergemischt an der Reling und wollten sehen, was da los war.

Doch als der Bremsweg des gewaltigen Ozeanriesen auf der Weite des Atlantiks endlich zu Ende war, sahen die Zuschauer … nichts.

War das in Seenot geratene Schiff wie die Titanic gesunken? Aber dann hätte man doch im Wasser etwas sehen müssen. Menschen in Rettungsringen und Rettungswesten. Oder so. Aber da war nichts. Hatte sich vielleicht jemand einen üblen Scherz erlaubt?

Als sich schon die Ersten enttäuscht abwendeten, rief einer: »Da! Das kleine gelbe Boot.«

Und tatsächlich. Da tanzte ein kleiner gelber Fleck auf dem Wasser, verschwand in einem Wellental, tauchte wieder auf – und verschwand wieder. Man hätte ihn für eine Möwe halten können, die auf dem Wasser schwamm. Nur eben in Gelb.

Im gleichen Augenblick hörte man aus den Bordlautsprechern ein Knacken und sogleich war der Funkverkehr zwischen der Queen Mary und dem gelben Bötchen dort unten für alle hörbar.

»Wow, Sie sind wenigstens nicht zu übersehen«, sagte eine Frauenstimme aus den Tiefen eines Wellentals mit leicht französischem Akzent.

Worauf die Stimme des Captains antwortete: »Sie schon!«

Und dann gab es eine freundliche Begrüßung von dem kleinen Bötchen an »alle Passagiere und die Crew der Queen Mary« – und wie froh sie sei, dass ihr nun geholfen werde!

Im Laufe des in bester Stimmung geführten kleinen Plausches zwischen der 345 Meter langen und mehr als 72 Meter hohen Queen Mary und der winzigen gelben Nussschale stellte sich Folgendes heraus: Die Dame in dem kleinen gelben Boot war die erste Kanadierin, die sich vorgenommen hatte, den Atlantik in einem Ruderboot (!!!) zu überqueren. Doch war beim letzten Schlechtwetter eines ihrer beiden Satellitentelefone über Bord gegangen. Ebenso wie der Treibanker, den sie immer dann auslegte, wenn sie sich für eine kurze Zeitspanne schlafen legte – um nicht zu weit abzutreiben. Für beides brauchte sie nun Ersatz. Deswegen der fernmündliche Ruf um Hilfe.

»Glauben Sie mir«, ließ der Captain über Lautsprecher die junge Frau in ihrem Bötchen wissen, »es war gar nicht so einfach, einen passenden Treibanker für Sie an Bord der Queen Mary zu finden.«

Allseitiges Grinsen an der Backbord-Reling.

»Aber unser Chief hat seine Jungs etwas bauen lassen, das Ihnen helfen wird. Und das Satellitentelefon kommt auch. Übrigens: Falls unsere Passagiere heute Abend keine Schokolade auf ihren Kopfkissen vorfinden, liegt das daran, dass die Ration ab sofort auf dem Boot dieser erstaunlichen Lady zu finden ist.«

Sodann flog eine wasserdichte Kunststofftonne über Bord und die junge Frau legte sich in die Riemen – und wenig später die Tonne an die Leine.

Als die Ruderin sah, dass alles gut war, rief sie: »Ich danke Ihnen so sehr. Danke, danke, danke – und Ihnen allen eine ganz tolle Heimreise!«

Darauf rief der Captain very british: »Hipp hipp …«

Und alle: »Hurrah!«

»Hipp hipp …«

»Hurrah!«

»Hipp hipp …«

»Hurrah!«

Damit ließ die Queen ihr ohrenbetäubendes Typhon hören – und dampfte vorsichtig ab, um das winzige Bötchen nicht im Strudel der gewaltigen Propeller zum Kentern zu bringen.

Die Passagiere indes gingen wieder in ihre Salons und Bars und fragten sich, ob die junge Frau tatsächlich *ihnen* eine gute Heimreise gewünscht habe.

Der Autor hingegen fragte sich, was das wohl für ein Gefühl sein muss, ganz allein in einem winzigen Ruderboot auf der unendlich weiten Wasserwüste »Atlantik« zu sitzen und zu sehen, wie ein großer, bequemer – mit warmen, weichen Betten ausgestatteter – Dampfer davonfährt. Während man selbst weiß, noch gut und gerne 2500 Kilometer Ungewissheit, Nässe und Stürme vor sich zu haben, die man nur mit der Kraft der eigenen Arme überwinden kann …

Bei der jungen Frau handelte es sich übrigens um die damals 35-jährige Kanadierin Mylène Paquette, die nach vier Monaten und 5000 Kilometern Ruderstrecke am Morgen des 12. Novembers 2013 (*denken Sie nur mal an die Herbststürme auf dem Atlantik! Im Ruderboot!*) den Hafen von Lorient in der Bretagne erreichte (*und an den Verkehr von Riesen-Containerschiffen im Ärmelkanal; die übersehen so ein winziges Bötchen doch glatt*) und trat ihre Heimreise nach Kanada auf Einladung der Cunard-Reederei an Bord der Queen Mary an.

Der Autor weiß bis zum heutigen Tag nicht, ob er den Leistungswillen dieser jungen Frau beeindruckend finden soll oder ob er sich darob nur an den Kopf fassen müsse. Er entschied sich, sie »exotisch« zu finden!

Fotogalerie

Unerfahrene Passagiere laufen bisweilen Gefahr, nach Betreten der Planken, die die Welt umrunden, auf rätselhafte Weise an die Grenzen ihres Alltagswissens zu stoßen.

So fragte eine maritime Novizin im Fotoshop eines sehr großen Schiffes, ob man denn die ausgestellten Fotos, die bei der Ankunft an Bord gemacht worden seien, auch kaufen könne. Die junge Dame im Fotoshop versicherte ihr, das sei genau der Sinn dieser Fotos. »Das ist ja schön«, fand die Passagierin und setzte hinzu: »Und woran erkenne ich meine Fotos?«

Selbstverständlich antwortete die junge Dame hinter dem Tresen nicht: »Indem Sie sich darauf als abgebildete Person erkennen.« Nein, die so Befragte erinnerte sich an ihre tiefe Liebe zum Menschen im Allgemeinen und dem auf See im Besonderen – und lächelte. Tapfer. Und schweigend. Woran man sieht, dass mancher Angestellte an Bord etwas Sphinxhaftes für seinen Job mitbringen muss – will er nicht vor Lachen losprusten – oder sich vor Verzweiflung ins Meer stürzen.

Angesichts solcher Exemplare der Gattung »Passagier« kann bei manchem der Gedanke verfangen, die ausgestellten Fotos von einem anderen Aspekt als der Erinnerungskraft erlebter Momente anzusehen – nämlich als Quell der Freude. Deshalb ist ein Besuch im Ausstellungsraum des Bordfotografen immer als Stimmungsaufheller an trüben Tagen geeignet.

Okay, trübe Tage gibt es an Bord ohnehin selten (➤ »Sonne«), aber falls Sie mal ein Hauch schlechter Laune ereilen sollte, lenken Sie Ihre Schritte zum Bordfotografen. Und laben Sie sich an den Fotos, die beim Captain's Dinner, Erstfahrer-Cocktail und anderen maritimen Lustbarkeiten angefertigt worden sind.

Besonders auf englischsprachigen Schiffen, wo eine gewisse Form des heiteren Sich-zur-Schau-Stellens nicht nur gang und gäbe ist, sondern von den Mitreisenden geradezu erwartet wird (*Stichwort:* »*Hat-Contest*«), ist der Besuch der ausgestellten Fotos Pflicht. Denn dort tut sich vor dem fassungslosen deutschen Augapfel ein überbordendes Pantheon an Figuren, Charakteren und Physiognomien auf, zu dem im Vergleich jede noch so hochklassige Hollywood-Schauspiel-Agentur wie ein sauertöpfisches Lehrerkollegium einer Zwergschule im strukturschwachen Niemandsland wirkt.

Sie glauben es nicht? Dann gehen Sie dort vorbei. Aber lassen Sie sich Zeit. Und lesen Sie. In den Gesichtern.

Ein guter Anfang ist der Kapitänsempfang. Achten

Sie auf den Kontrast zwischen dem meist etwas angestrengten Dauerlächeln des Kapitäns und den beglückten »Wir-werden-mit-dem-Kapitän-fotografiert«-Gesichtern galagewandeter Passagiere.

Die leicht angestrengte Mimik des Kapitäns hat übrigens nichts damit zu tun, dass er seine Passagiere nicht hinreichend schätzen würde. Keineswegs. Aber bedenken Sie bitte, dass der Mann während des gesamten Defilees stehen muss. Auf einem Fleck. Je nach Größe des Schiffes und Anzahl der Passagiere können das gute zwei Stunden sein, bis allen neuen Passagieren die Hand geschüttelt und das Erinnerungsfoto gemacht ist. So was kann die ohnehin bei Kapitänen nicht so stark trainierte Lächel-Muskulatur durchaus belasten.

Wenn man Glück hat, erkennt man auf dem einen oder anderen Foto sogar ein verstecktes Zähneknirschen auf dem Antlitz des ersten Mannes an Bord. Das lässt auf ein Exemplar an seiner Seite schließen, das Kapitäne nicht besonders schätzen: Es sind Damen, die sich auf einer Weltreise befinden und sich *jedes Mal* beim Kapitänsempfang zu Fotozwecken anstellen, weil die Gnädigste jedes Mal ein anderes Kleid anlegt. Das könnte dem Kapitän ja eigentlich egal sein (*was es auch von Herzen ist*), würden solche Exemplare nicht die Schlange unnötig verlängern – weshalb er noch länger zur Verfügung stehen muss.

Aber solch eine Kleinigkeit ficht diese Vertreterinnen textilen Luxus-Exhibitionismus nicht wirklich an.

Die Reise ist bezahlt, also muss der Kapitän gute Miene zum nächsten Kleid machen: für die Freundinnen zu Hause! Denen wird dann die gesamte Reise-Gala-Garderobe anhand der Kapitänsbilder vorgeführt. Und dann gilt für *die*: »Lächeln!«

Sollten Sie nicht zu diesen Damen gehören (*und davon geht der Autor dieser Zeilen aus*), sondern im Anschluss an diesen maritimen Fotomarathon als Gast an den Tisch des ersten Mannes an Bord gebeten sein, so achten Sie auf dreierlei Themen, die Sie unbedingt *nicht* ansprechen sollten.

Super-No-Go Nr. 1 am offiziellen Kapitänsdamast ist »Politik«!

No-Go Nr. 2 lautet »Religion«!

Und wenn Sie dem Captain einen großen Gefallen tun wollen, dann beherzigen Sie auch das No-Go Nr. 3: Fragen Sie ihn nicht nach dem Schiff – und wie man es bewegt. Denn das ist sein Arbeitsplatz. Da ist der Mann für mehrere Wochen fest angestellt. 24 Stunden am Tag. Und ohne Familie oder Fluchtmöglichkeit in den Hobbykeller.

Seien Sie also gnädig und reden Sie mit ihm über etwas anderes als seine Arbeit. Diesen Tipp müssen Sie nicht befolgen, aber mancher Captain wird sich darüber freuen, wenn er mal was Neues erfährt. Und wenn er lachen kann. Einfach so. Weil Sie so unterhaltsam sind. Nicht weil er ein guter Gastgeber sein muss.

Und dann werden Sie erkennen, dass er auch ganz anders lachen kann. Nicht so angestrengt, wie Sie es in dem bordeigenen Fotoshop bei anderen gesehen haben.

Gästebucheintrag

Auf einem englischsprachigen Schiff trug sich ein Passagier ins Gästebuch mit folgendem wirklich schönen Sechszeiler ein:

> There are good ships
> and there are wood ships,
> the ships that sail the sea.
> But the best ships
> are friendships
> and may they always be.

Gentleman Host

Auf den »Queens« der Cunard-Reederei (»Mary«, »Elizabeth« & »Victoria«) gibt es eine Institution, die für gute Stimmung an Bord sorgt: den sogenannten »Gentleman Host«.

Die Herren mit diesem Berufsbild kommen zum Einsatz, wenn in den größten Ballsälen auf See titaneske Salonorchester leichte Weisen spielen, die den üppig geschmückten Raum mit schmetterlingsgleicher Leichtigkeit erfüllen. Die Aufgabe der Gentleman Hosts ist es, leichtfüßig und galant mit alleinstehenden Damen oder mit Ehefrauen zu tanzen, deren Göttergatten entweder durch Abwesenheit glänzen oder in die Kategorie »Tanzmuffel« fallen.

Gentleman Hosts sind eine sehr sinnvolle Personalentscheidung seitens der Reederei, weiß man doch, dass die Mehrheit der Damen gerne tanzt – im Gegensatz zu vielen der ihnen Angetrauten. Um ihren Passagieren also die Ungemach zu ersparen, eheliche Auseinandersetzungen über die ausbleibende Tanzlust des Gemahls führen zu müssen, sorgen die Gentleman Hosts dafür, dass Damen jeden Alters ihr spielerisches Tanzvergnügen haben – während sich die dazugehörigen Herren nicht zur gleichen Betätigung genötigt sehen, die ihnen statt Erbauung nur Verdruss bereitet. So zelebrieren diese gar nicht besonders im Rampenlicht stehenden Gentleman Hosts auf höchst überzeugende Weise, wie angenehm und heiter eine gewisse Souveränität auf dem gesellschaftlichen Parkett sein kann. Und wie nachhaltig derart gepflegte Weltläufigkeit für gute Laune sorgen kann.

Natürlich erleben die tanzenden Gentlemen auch Begegnungen der besonderen Art, die hier nicht verschwiegen werden sollen.

So winkte eines Abends eine resolute Dame einen

der »Gentlemen« herbei, auf dass er sie zum Tanze auffordern möge. Der so Bedachte verstand den Wink, bot alle Gelassenheit auf, um sich von der herrisch wirkenden Dame nicht als Tanz-Sklave missbraucht vorzukommen, und forderte sie galant auf, mit ihm sowohl das Stand- als auch das Tanzbein zu schwingen. Sie quittierte das mit einem mürrischen Seitenblick auf den Herrn Gemahl und sprach: »Mein Mann tanzt nicht. Der kann das nämlich nicht!«

Nach diesen einleitenden Worten bereitete sich der Gentleman Host innerlich auf eine eher anstrengende Konversation mit der Dame vor, die auch sogleich versuchte die Führung bei der Schrittfolge zu übernehmen. Mit einem souveränen Lächeln und einer festen Hand gab er ihr jedoch zu verstehen, dass er nicht gewillt war, sich über das Parkett schieben zu lassen – was sie sogar verstand. So tanzten sie zunächst wortlos, wobei sie den Eindruck machte, das Tänzchen durchaus zu genießen, was ihn ermutigte, eine harmlose Konversation zu beginnen.

»Haben Sie Kinder?«, fragte er arglos.

Darauf sie: »Ja, zwei. Einen 26-jährigen Sohn und eine 23 Jahre alte Tochter.« Und während sie sich leicht nach hinten lehnte und elegant im Klang des gerade ertönenden Walzers drehte, fügte sie mit einem weiteren mürrischen Blick zum Herrn Gemahl am Rande des Parketts hinzu: »Aber nicht von dem. Das kann der auch nicht!«

Geschichten erzählen

Steckt nicht in uns allen ein Sindbad, der Seefahrer? Und wollen wir nicht allen zu Hause von unserer Reise als Seemann unglaubliche Geschichten erzählen? Eben. Wenn einer eine Seereise tut, dann will er was erzählen!

Wer dazu nicht unbedingt die Planken von Expeditionsschiffen aufsuchen mag, hat besonders große Chancen, von Nervenkitzel erzählen zu können, indem er eine Passage durch den Golf von Aden bucht.

Um dreisten Piraten die Lust am Schiffe-Kapern zu vergällen, nehmen die Reedereien nämlich auf dieser Route für ihre Cruiseships gerne »Sea Marshalls« an Bord. Das sind sehr durchtrainierte Herren – meist englischer Zunge –, die mit sehr viel Rüstung und Ausrüstung an Bord kommen. Die bringen sie nach ihrer Ankunft zügig und professionell in Stellung und richten ihr Headquarter gern auf dem Achterdeck ein. Sie bauen sodann Stacheldrahtbarrikaden samt ziemlich böse aussehenden Feuerwaffen auf, versperren sämtliche Eingänge in das Innere des Schiffes und sorgen zügig für Verdunkelung an Deck, wo sie die ganze Nacht über Patrouille gehen und mit Nachtsichtgeräten das Drumherum-Meer im Auge behalten. Was sie sonst noch dort oben tun, bleibt dem

Passagier verborgen, weil man sie dort oben nicht beobachten kann. Und soll. Denn: Den Passagieren ist der Zutritt auf alle Außendecks strengstens untersagt!

Aber das ist für Sie und Ihre Geschichten durchaus von Vorteil. Schließlich können Sie so Ihrer Fantasie ein bisschen die Sporen geben. Übertreiben Sie aber nicht, indem Sie von Einschusslöchern berichten oder anderen spektakulären Verwicklungen. Denn allzu wilde Begebenheiten hätten es in die Abendnachrichten geschafft und wären Ihren daheimgebliebenen Freunden und Zuhörern nicht verborgen geblieben.

Machen Sie es deshalb wie beim »Gerüchte kochen« (*Bd. 1* ➤ *»Gerüchte kochen«*): immer haarscharf an der Plausibilität entlangerzählen. Das macht Eindruck und ein schlankes (Seemans)-Bein.

Falls Ihnen dabei der Stoff an Selbsterlebtem ausgehen sollte, dürfen Sie auch gerne die in diesem Buch beschriebenen Geschichten nutzen. Schmücken Sie sie wie eine maritime Scheherazade ruhig lang und breit als Selbsterlebtes aus. Schließlich soll sich der Buchkauf ja auch irgendwie lohnen. Solange Sie Ihr Seemannsgarn nicht zu Papier bringen, um damit akademische Würden anzustreben, sei Ihnen diese Form der »Inspiration« von Herzen gegönnt.

Gut zu wissen!

Wer schon mal in der »Commodore Bar« der Queen Mary seinen »Evening Opener« getrunken hat, konnte feststellen, dass bei den letzten Strahlen des Sonnenuntergangs die lichtdichten Rollos vor deren Scheiben heruntergelassen wurden. Der Grund: Direkt unter der Bar liegt die Brücke. Und auf der herrscht – wie bei allen Schiffen dieser Welt – des Nachts totale Finsternis. Schließlich wird hier (*tags mit scharfem Seemannsauge und*) nachts mit elektronischem Gerät meilenweit vorausschauend die See beobachtet. Und dabei würde das Licht aus der Bar blenden.

Sollte das Schwarz der Nacht einmal durch einen honiggelben Vollmond erhellt sein, so sieht das zwar romantisch aus – läuft aber bei den Wachhabenden auf der Brücke voll ins Leere. Denn der Offizier zur See gehört in die Kategorie »Physiker mit semimilitärischem Funktionier-Verständnis«. Der freut sich denn auch lediglich über die bessere Sicht bei Vollmond. Für romantische Regungen hat er keine Ader. Die lässt er höchstens zur Weihnachtszeit zu. Aber während der Wache behält er die dunkle See und die vielen Bildschirme auf der Brücke im Auge, auf denen der Weg, aufkommende Hindernisse, Wetterveränderungen, technische Werte und andere wichtige Daten angezeigt werden. So sichert er das störungslose Fortkommen dieser Kleinstadt auf dem Wasser.

Die Dunkelheit ist auch der Grund, weshalb jeder, der die Brücke betritt, Namen und Dienstgrad laut und deutlich nennen muss. Bleibt das aus, gibt's einen – dezent formuliert – »Rüffel«. Denn die Aufmerksamkeit des Wachhabenden muss seiner Arbeit gelten können, nicht dem Quiz, wer im Dunkeln gerade die Brücke betreten haben könnte.

Der Einzige, der sich regelmäßig nicht daran hielt, war ein Kapitän, dessen Namen wir hier nicht nennen wollen (➤ »Kapitäne«). Nur so viel sei erwähnt: Er sagte von sich: »Kapitäne sind nicht *wie* Gott. Sie *sind* Gott!«

Dieser allererste Mann an Bord, dessen Hosen sich durch blitzscharfe Bügelfalten auszeichneten, betrat grundsätzlich schweigend die dunkle Brücke. Wer hätte ihn auch dafür rüffeln sollen? Gott fiel ja aus.

Nach kurzer Zeit der Adaption an die Dunkelheit fand »Gott« seinen Weg, setzte sich auf den erhöhten Kapitänsstuhl und steckte sich lautlos eine Zigarre an.

Der Wachhabende hörte also erst nur das Klappen der Tür, dann Schritte, das leise Ächzen des Lederpolsters vom Kapitänsstuhl, das unter der göttlichen Last nachgab, das Zischen des Streichholzes an der Reibefläche und dann für eine unbestimmte Zeit eine Art

Nuckel- und Paff-Geräusche – verbunden mit dem strengen Geruch preiswerten Tabaks.

Jeder, der Wache hatte, wusste von Anfang an:

1. Der Alte ist da.

2. Abwarten! Er fängt von allein an zu reden!

Und genau so kam es. Irgendwann brach es aus ihm heraus: »Dieser Kerl ist doch nichts anderes als Fracht. Der soll froh sein, dass er nicht wie ein Container festgezurrt an Deck liegen muss. Was bildet sich dieser Emporkömmling eigentlich ein.«

Nach diesem Auftakt folgte gemeinhin eine Schimpfkanonade in epischer Breite unter vollem Geschütz-Donner. Darin hielt »Gott« auch nicht damit hinterm Berg, was ihn so sauer gemacht hatte. Es waren meistens Gespräche am Captain's Table, die er hatte führen müssen und bei denen die Gäste Meinungen geäußert hatten, die »Ihro Herrlichkeit« gehörig gegen den Strich gingen. Doch da er dagegen keine Position beziehen konnte, weil die Passagiere ja seine »Gäste« waren, musste »Gott« bis zum Dessert an sich halten, eilte sodann auf seinen Olymp, um dort seinen himmlischen Dampf abzulassen und sich emotional wieder auf Höhe des Meeresspiegels zu bringen. Am nächsten Tag hatte er seinen Zustand bar jeder Vernunft wieder vergessen und war der zackige Seebär, den die Gäste so sehr schätzten.

Apropos »Bar«! Falls Sie, geneigte Leserin, auf dem Schiff Ihrer Wahl den Ihnen Angetrauten suchen sollten, kommen Sie nicht auf die Idee, in der Bar anzurufen und nachzufragen, ob er sich dort aufhalten würde.

Der Barkeeper wird Ihnen nämlich keine konstruktive Antwort geben, ob der sehnlichst Vermisste dort auf einem Barhocker sitzend die Freuden seines Daseins mit dem einen oder anderen Cocktail überhöht. Nicht weil der Barkeeper böswillig oder gar mit Blindheit geschlagen ist. Keineswegs! Nur: Auf den meisten Schiffen gibt es die glasklare Ansage, dass sich derart Gesuchte grundsätzlich nicht in der Bar aufhalten.

Warum?

Damit der Gesuchte dort seine Ruhe hat und ungestört eine ordentliche Zeche machen kann. Zum Wohle des Barumsatzes, zur Wahrung des ehelichen Friedens und zur Benebelung seines männlichen Hirns.

Wundert Sie das? Muss es nicht. Derjenige, der solche Ansagen trifft, ist der »Hot.Man« (= *Hotel Manager*) und der ist in den meisten Fällen männlich und kennt seine Pappenheimer. Obwohl natürlich dieselbe Diskretion auch für weibliche Barbesucher gilt, deren Gatten auf der Suche nach ihr sind. Denn Diskretion ist nicht geschlechtsspezifisch (*obwohl es sich dabei interessanterweise um ein Wort weiblichen Geschlechts handelt*).

Tatsache ist, dass dieser Grundsatz ausgesprochen vernünftig ist. Denn es muss auf einem Schiff Rückzugsorte geben, in denen man nicht verhärmtes Porzellan aufsuchen muss, nur um seine Ruhe zu finden – sondern wo man sich an einem zivilisierten Ort aufhalten kann, an dem man auch ein ordentliches Getränk serviert bekommt.

Deshalb ist bei Anruf an der Bordbar grundsätzlich nie derjenige da, den man sucht. Immer nur irgendwelche anderen. Welche genau? Keine Ahnung. Gäste halt.

Gehen Sie also besser einfach vorbei und schauen Sie selbst nach. Vielleicht verführt Sie ja ein kleiner Cocktail, noch ein bisschen sitzen zu bleiben und abzuwarten, ob der Gemahl doch noch vorbeischaut. Oder jemand anders …

Apropos »Verführung«. Noch etwas ist gut zu wissen. Nicht für das Leben an Bord, sondern an Land. Genauer gesagt im amerikanischen Bundesstaat Florida, von wo ja weltweit die meisten US-Cruiseships starten.

Falls Sie dort Ferien machen sollten und Gefahr laufen, einem höchst reizvollen Angebot wie »4 days on a cruise – 20 $« zu erliegen, so sei Ihnen hiermit gesagt: Dabei handelt es sich nicht um Kreuzfahrtschiffe, wie Sie sie schätzen, sondern um Casino-Schiffe. Auf diesen Schiffen wird von Ihnen erwartet, dass Sie 24 Stunden am Tag die einarmigen Banditen mit Unmengen von Dollars füttern, bis es ihnen (*also den Banditen*) oben (*oder wo auch immer*) wieder rauskommt.

Und genauso sieht auch der Aufenthalt auf diesen maritimen Melkstationen für Spielsüchtige aus: karg und wirklich nur zu ertragen, wenn man alles seiner Spielsucht unterordnen will.

Wovon wir natürlich an dieser Stelle dringend abraten. Denn auch wenn es Menschen gibt, die suchtbedingt Schiffe nur als schwimmende Casinos außerhalb der Gerichtsbarkeit ihres Heimatlandes sehen können, so sieht der Autor dieser Zeilen Kreuzfahrtschiffe ganz anders: als wundervoll strahlende weiße Ladys, die elegant und stolz die Weltmeere durchpflügen und uns eine Welt näherbringen, die voller Wunder ist (➤ »Eine eigene Welt«).

Haie

Während wir Passagiere auf strahlend weißen Pracht-schiffen über die tiefblauen Wasser der Weltenmeere dampfen, folgen *unter* dieser Oberfläche Wesen einer ganz anderen Welt ihren eigenen Gesetzen.

Riesige Bartenwale laben sich an Millionen Ver-tretern der Gattung Krill. Unternehmungslustige Delfin-Verbände amüsieren sich prächtig in Spiel und Wettkampf. Und viele eigenartige Lebewesen suchen nach einem Plätzchen, wo sie ungefährdet vor sich hindösen können. Dazwischen streifen Haie durch die Meere, immer die Augen offen für einen leckeren Happen.

Beide Welten – die da unten und wir hier oben – trennt die Wasseroberfläche. Aber sie verbindet sie auch. Nicht nur physisch. Auch im übertragenen Sin-ne. Denn beide Welten haben vieles gemeinsam.

So gibt es auch an Bord Exemplare, die sich von Millionen anderen ernähren. Auch an Bord amüsieren sich unternehmungslustige Gruppen prächtig. Und auch an Bord suchen eigenwillige Vertreter ein Plätz-chen, wo sie ungestört vor sich hindösen können.

Dieser Mikrokosmos maritimer Reisegenossen macht das Reisen auf Kreuzfahrtschiffen unterhaltsam und kurzweilig. Vorausgesetzt man hat Lust am Beobachten der Gattung »Mensch«. (*Aber wie Sie, geschätzte Leserin und werter Leser, natürlich längst bemerkt haben, will dieses Buch genau dazu inspirieren.*)

Weniger *beobachten* als vielmehr *tief Luft holen* war die Kunst der Stunde, als sich an einem fein gedeckten Tisch eines luxuriösen Kreuzfahrtschiffes bei einer Pazifiküberquerung Folgendes zutrug:

Das Amuse-Bouche aus der Küche war verkostet und ein Glas Champagner als Aperitif gerade geleert, als ein deliziöses Hummer-Süppchen serviert wurde. An besagtem Tisch saß ein Ehepaar, bei dem »er« schon viele Tausend Seemeilen auf den schönsten Schiffen europäischer Reedereien verbracht hatte. Einerseits war das seinen Erzählungen in den letzten Tagen zu entnehmen gewesen, andererseits lag sein Geburtsdatum irgendwo in der ersten Hälfte des letzten Jahrhunderts. Er hatte also viel Zeit gehabt, sein verdientes Geld auf den Planken nobler Kreuzfahrtschiffe »anzulegen«, um mit ihnen abzulegen und fremde Kontinente zu bereisen.

Seine Gemahlin, die deutlich jünger war, sprach während des Süppchens unentwegt auf ihn ein, während er wortkarg seine »Soupe de Homard« löffelte. Genauer gesagt: Er kam bis zur Hälfte der Suppe.

Dann hielt er inne, starrte vor sich auf den schiffseigenen Damast … und fiel mit dem Gesicht in die Tiefen des Tellers.

Stille.

Nach einer Schrecksekunde sprang die Gattin mit einem spitzen Schrei auf und wischte sich hektisch die Hummersuppenspritzer vom sommerlichen Abendkleid. Die herbeieilenden Kellner wuchteten sofort den leblosen Herrn aus dem Teller, um den vom Schlag getroffenen ins Schiffshospital zu verbringen. Ehe die Gemahlin ihnen folgte, raunte sie dem Maître des Restaurants noch schnell zu: »Jetzt kommt gleich der Kaviar. Servieren Sie bitte beide Portionen. Den lass ich mir nicht entgehen.«

Damit rauschte sie ab – und kam wenig später tatsächlich zurück. Umgezogen. Nicht wegen der Flecken, die der Sturz des Gemahls ins Nirwana auf ihr luftiges Sommerkleid gezaubert hatte, sondern weil sie ab sofort gut sichtbar das Schwarz der Trauer trug. Schwarz wie der Tod. Und schwarz wie der Kaviar, der ihr vorzüglich mundete. Beide Portionen.

Natürlich hatte sich diese Szene auf dem Schiff blitzschnell herumgesprochen. Denn das Ganze hatte sich ja während des Abendessens zugetragen, wo nahezu alle Passagiere »Augenzeugen« gewesen waren.

Einige von ihnen fanden, dass der frischen Witwe die Farbe Schwarz deswegen so gut stand, weil es wohl die Farbe ihres Herzens war. Andere fragten sich, wieso sie für den Rest der Pazifikreise über so viele *ver-*

schiedene Kleider in der »Trauerfarbe« verfügte. Sollte sie die schon von Anfang an eingepackt haben? Vielleicht weil sie mit dem Ableben des Angetrauten gerechnet hatte? Ihm vielleicht sogar etwas ins Hummersüppchen gegeben hatte? Wieder andere fanden, dass sie vielleicht doch ein wenig litt, sonst hätte sie sich nicht so oft an der Bar sehen lassen.

Aus welchem Grund auch immer diese Ehe entstanden und nunmehr zu Ende gegangen war, auf dieser Reise wurde klar: Haie gibt es nicht nur unter Wasser, sondern manchmal auch an Bord.

Es gehört allerdings in die Abteilung »Gerüchte«, dass man sie die »Hai Society« nennen würde.

Hin(und Rück)flug

Wenn Ihre Kreuzfahrt auf dem Mittelmeer, der Nord- oder Ostsee stattfindet, können Sie diesen Abschnitt getrost überspringen. (*Dann empfehle ich, bei »Übergepäck« weiterzulesen.*)

Sollte Sie aber eine Airline in weit entfernte Gefilde tragen, um Sie dort Ihre Seereise antreten zu lassen, könnten diese Zeilen den einen oder anderen hilfreichen Hinweis enthalten. Denn nicht jedermann überwindet solche Distanzen in der gepflegten Atmosphäre der Business Class oder gar in der ausgestreckten Horizontalen eines First-Class-Fluges. Wer in diesen Klassen reist, kommt sowieso meist unbeschwert und ausgeruht am Zielflughafen an.

Wie überstehen aber wir »Normalos« – *sitzend* zur Ruhe »gebettet«, eingezwängt zwischen Vordersitz, Fensterwand und Nebenmann (oder -frau) – diese Zeit?

Es gibt einige Tipps, die ausgesprochen hilfreich sind – auch wenn sie nicht gegen einen übergewichtigen, ausladenden und schnarchenden Nebenmann helfen. Aber gegen die Folgeerscheinungen eines Fluges, der allein schon durch die Zeitverschiebung strapaziös ist, helfen diese drei wichtigen Maßnahmen in jedem Fall:

1. Vergessen Sie jegliche Eitelkeit und legen Sie sich zu Beginn der Reise »Stützstrümpfe« an. Ich weiß, das hört sich komisch an. Aber die Dinger haben nichts mit dem Erreichen des Rentenalters zu tun. Auch nichts mit Krampfadern im Gehapparat. Oder sonstigen Gebrechen. Stützstrümpfe machen ein schlankes Bein. Und das ist genau das, was man im Flieger braucht: Einen einengenden Schlauch ums Bein, damit die Flüssigkeit »Blut« während des langen Sitzens nicht nach unten wegsacken kann. So entstehen *keine* »Jet Legs«. Diese Maßnahme entlastet das Herz! Und außerdem sieht die Dinger ohnehin niemand!

2. Damit das Herz nicht so viel tun muss, ist eine weitere Hilfe wichtig: Trinken Sie so viel Sie können. Nein, keinen Alkohol und auch keinen Kaffee. Beides entzieht dem Körper Wasser und dickt somit das Blut ein. Bei dickerem Blut muss aber die Pumpe stärker ran – und das macht matt. Sie und Ihr Herz. Abgesehen davon, dass dabei weniger Sauerstoff im Blut gebunden werden kann, der den Organen fehlt und ihnen die Umstellung ihres organeigenen Biorhythmus auf die »neue Zeit« erschwert. Denn Blut ist ein besonderer Saft. Und Wasser auch. Deshalb ist »Wasser« das Getränk der Wahl. Und davon viel. Ohne Kohlensäure. Damit die Ihnen wegen des besonderen Drucks in luftiger Höhe nicht in den Kopf steigt. Denn ins Hirn gehört Denksubstanz – keine Luft.

3. Aus derselben Rücksicht – auf Herz und Blut – sollte man VOR dem Flug zwei Aspirin einwerfen. Die verdünnen bekanntermaßen das Blut, lassen es leichter in die Kapillargefäße fließen und sorgen so für eine bessere Blutversorgung aller Organe.

Sie sehen: Es ist keine Hexerei, am Zielflughafen einigermaßen frisch anzukommen.

Falls Sie sich fragen, wer denn so was macht, so sei Ihnen verraten: Diese Tipps hat mir ein Model gesteckt, das zu ihrer Zeit zu den legendären Top Five gehörte und tagtäglich durch die Lüfte ihrem nächsten Fotojob entgegenschwebte. (*Das nur zu der Annahme, »Stützstrümpfe sind nur was für Gebrechliche«.*)

Und noch etwas: Gegen unangenehme Sitznachbarn gibt es auch ein Mittel. Reisen Sie einfach mit Menschen, die Sie mögen. Und achten Sie darauf, dass die nicht woanders sitzen – sondern neben Ihnen.

Individualdistanz

Die Individualdistanz ist die imaginäre Grenze, bei deren Überschreiten jedes Lebewesen ganz archaisch vom friedlichen Stop-and-go in den Kampfmodus überwechselt.

Diese Grenze ist bei jedem Menschen definiert durch den Abstand von seiner Schulter bis zur Spitze seines Mittelfingers. Sobald jemand näher als diese Entfernung herankommt, kann der das nur, wenn es ihm der andere bewusst oder unbewusst erlaubt. Ist das nicht der Fall, stellen sich bei dem, der sich ungebührlich bedrängt fühlt, die Nackenhaare auf. Ein Zeichen aus alten Höhlenmenschen-Zeiten, das anzeigt: Achtung! Hier ist einer größer, als es auf den ersten Blick aussieht. Also: Vorsicht. Rückzug.

So weit, so richtig. Wie in der Steinzeit (*die Älteren werden sich* nicht *daran erinnern*) reagiert auch der Homo sapiens der Neuzeit: Er beginnt tiefer zu atmen, die Muskeln werden stärker durchblutet (*er wird rot!*) und Adrenalin schießt in die Blutbahn: Der Kampfmodus wird eingeläutet.

Sie glauben das nicht?

Dann stellen Sie sich doch einfach nur mal vor, wie ein anderer Passagier »Ihren« Liegestuhl besetzt. Na? Schwillt da nicht der Kamm? Eben. Wobei wir momentan noch ausklammern wollen, warum es sich bei dem gemeinten Liegestuhl um »Ihren« handeln sollte.

Auf jeden Fall ist dieses harmlose Gerät, auf dem man sich entspannt den wohlig-wärmenden Sonnenstrahlen aussetzen will, ein fortwährender Stein des Anstoßes auf den Schiffen, die zum Vergnügen ihrer Passagiere die Weltmeere befahren. Denn selbst die friedlichsten Reisegenossen werden bei diesem Thema leicht zu Furien.

Um das zu vermeiden, markiert mancher sein Revier. Hier eine kleine Auswahl an Markierungs-»Techniken« von Cruiseships mit internationalem Publikum – damit keiner sagen kann »typisch deutsch«:

Auf dem Sonnendeck eines der großen Menschen-Transporter zierte eine Packung Kondome einen allein gelassenen Liegestuhl. Eine Maßnahme, die mit einer gewissen Risikozunahme verbunden ist, da zu viel Wärme solches Material poröser macht – und die Verhütungswirkung reduziert. Das ist insofern unerfreulich, als sich Liegestuhlreservierer grundsätzlich nicht vermehren sollten.

An anderer Stelle signalisierte ein BH: »Hier nicht hinlegen«. Die Drohung bei diesem »Reservierungsmittel« war die schiere Größe dieser nicht mehr als Kleidungsstück zu bezeichnenden Textilie, weil sie sich bereits in Richtung »Outdoor-Behausung« bewegte. Deshalb war die Aussage unmissverständlich: »Hier ruht sonst ein Schwergewicht!«

Unweit davon hatte ein – vermutlich männlicher – Passagier seine »Reisebegleiterin« liegen lassen: eine aufblasbare Gummipuppe. Ob es sich dabei um den Ehemann der Riesendame mit dem BH handelte, konnte nicht ermittelt werden.

Den Vogel schoss allerdings ein Gebiss ab, das den Autor von einem der Liegestühle angrinste. Nun denkt sicherlich jeder, dass eine solche Prothese unverzichtbar für den Träger sein müsste. Zumal das Thema »Essen« auf Kreuzfahrten ja eine gewisse Rolle spielt (*Bd.1* ➤ *»Essen«*). Hinzu kam, dass das Gebiss zur Mittagszeit die Liege »zierte«, wo ja sozusagen Hauptsaison für den Einsatz dieses Gerätes ist. Aber vielleicht wollte der Besitzer dieser Beißer sich nur mit einer Suppe begnügen und hatte mit der Entfernung seines »Esszimmers« einen Sachzwang installieren wollen – damit er nicht schwach werde. Oder es war gar nicht *sein* Gebiss, sondern das seiner Frau, die sich daraufhin nicht mehr aus der Kabine traute, woraufhin der Gemahl sich in Ruhe an Bord anderweitig umschauen konnte.

Wie auch immer! Hier werden solche Exzesse erwähnt, weil der deutsche Mensch meint, nur seine Landsleute seien Reservierungsfanatiker. Doch das stimmt nicht. Mithilfe dieser Beispiele und des Wissens, dass es Badehandtücher gibt, in die das Wort »reservée«, »riservato« oder »reserved« bereits eingewebt ist, wird klar: Auch Vertreter anderer Nationen markieren gern ihr Territorium.

Und? Gibt es eine Lösung für das Liegestuhlproblem? Vielleicht Liegestühle für alle? Dann stellen Sie sich das mal auf der »Allure of the Seas« vor – mit 5400 Passagieren! Da stellt sich schnell die Frage, wo die Menschen zwischen den Liegestühlen noch Platz finden sollen.

Nein, es gibt keine praktische Lösung dafür. Sondern nur eine medizinische. Nämlich die wissenschaftlich abgesicherte Erkenntnis, dass lang anhaltendes Sonnenbaden nachweislich ungesund ist. Nehmen Sie also lieber auf einem Deckchair im Schatten Platz. An Bord bekommt man nämlich auch dort Farbe. Denn das Meer reflektiert Mutter Sonnes Strahlen selbst in den letzten Winkel.

Grundsätzlich sollte auf allen Schiffen eins klargemacht werden: Wer auf einem Liegestuhl liegt, hat einen. Wer nicht, kommt zur Unzeit. Und für einen Sprung in den kühlen Pool nimmt einem keiner den Liegeplatz weg.

Aber wer länger entschwindet, für den gilt der gute alte Kinderreim: »Weggegangen, Platz vergangen!« Basta. Und das halten auch alle vernünftigen Gäste so.

Irrglaube

Wenn auf diesen Seiten die Rede von Passagieren und deren Erfahrungen auf See ist, so fragt sich mancher Leser vielleicht, ob denn all das tatsächlich so passiert sein kann. Lassen Sie sich sagen: Es kann nicht nur. Es *ist* so passiert.

Ja, seit urdenklichen Zeiten gibt es Dinge an Bord von Schiffen, die man sich nicht ausdenken könnte. Und weil vieles davon so unglaublich ist, hat sich der Seemann für das Auftreten solcher Merkwürdigkeiten Erklärungsmodelle zurechtgelegt, die wir gemeinen Landratten gerne »Aberglauben« nennen. Aber in Tat und Wahrheit sind es Strategien, mit denen der Seemann versucht, das Erlebte in ein für sein Hirn verständliches System einzuordnen.

Heute lassen sich viele Themenbereiche, die frühere Seeleute nur durch abergläubisches Verhalten zu verstehen glaubten, durch naturwissenschaftliche Erkenntnisse erklären. Und auch die daraus resultierenden Vorhersagemöglichkeiten sind zuverlässiger als alle Spökenkiekerei. Dennoch ist der Klabautermann bis heute eine Realität an Bord moderner Schiffe (*Bd. 1* ➤ *»Klabautermann«*).

Ebenso wie folgendes Ritual, das bei der Kiellegung

eines Schiffes eingehalten wird. Grundsätzlich. Bis heute!

Dabei werden im Trockendock Münzen auf die »Blöcke« gelegt, auf denen die Stahlplatten platziert werden, die dann die Arbeiter zum Schiffsrumpf zusammenschweißen. Nach dem »Aufschwimmen« (d. i. der Vorgang, wenn unter den fertig verschweißten Schiffsrumpf das erste Mal Wasser gelassen wird – das Schiff also zum ersten Mal schwimmt) werden die Münzen von den Blöcken wieder abgenommen und eingesammelt. Sodann werden sie in eine Metallbox gegeben, die an einem vorher festgelegten Ort an Bord (*oftmals auf der Brücke*) fest mit dem Schiff verschweißt wird.

Und warum das Ganze?

Jetzt kommt's: Falls das Schiff untergehen sollte, dienen die Münzen dazu, die Seelen der Matrosen freizukaufen – von Neptun, Poseidon oder wie immer die dafür zuständige maritime Gottheit im entsprechenden Weltenmeer genannt wird.

Wenn man weiß, dass solche Rituale auch von knochentrockenen finnischen Schiffsbauingenieuren bei den zurzeit größten Cruiseships der »Oasis-Klasse« gepflegt werden, kommt man ins Grübeln. Zumal wenn der entsprechende Projektmanager dazu sagt, dass seine Werft niemals – NIEMALS – ein Schiff ohne diese Zeremonie zu Wasser lassen würde.

Die Begründung: »Stellen Sie sich vor, es passiert dem Schiff etwas, dann sind *wir* schuld!« Denn der

Seemann denkt, dass das Fehlen der Münzen Ihre aquamarine Matjestät »Neptun« erzürnen könnte.

Ob Sie (*und ich*) das glauben oder nicht.

Manchmal sind die vermeintlich abergläubischen Regeln des Seemanns aber auch ganz einfach erklärbar. Man muss nur in der Tiefe seiner seemännischen Traditionen RUM-suchen.

Denn der war an Bord die Flüssigkeit der Wahl. Wasser wurde in den damals üblichen hölzernen Transportbehältern faulig, Bier wurde ungenießbar schal und Wein verwandelte sich bei langen Fahrten schnell in Essig.

Da traf es sich, dass Europa im 17. Jahrhundert seine Leidenschaft für Süßspeisen entdeckte, weshalb in den karibischen Kolonien Zucker angebaut wurde. Überschüssigen Zuckersaft kippten die karibischen Pflanzer aber nicht weg, sondern brannten ihn zu Rum.

Das lockte zuerst Gestalten wie »Captain Jack Sparrow« und seine Mannen in karibische Häfen, doch alsbald auch die englische Marine. Im Gegensatz zu den Piraten orderte die britische Marine jedoch regelmäßig und bezahlte zuverlässig. Das motivierte einen Rumbroker namens James Man, ebenso zuverlässig die britische Marine 200 Jahre lang mit Rum zu beliefern. Sein Unternehmen ist heute als Man Group plc. in London ansässig und macht als Investmentfirma zwischen 60 und 70 Milliarden Dollar Umsatz.

Was aus Rum alles werden kann – wenn man nüchtern damit handelt!

Nüchternheit aber war ein Zustand, der den Seeleuten der englischen Krone schwerfiel, war doch bereits im Jahr 1650 ein Pint Rum die Tagesration. Das waren 0,568 Liter! Rum. Täglich! Wenn man einmal davon absieht, dass dank der Seefahrt gesunde Männer bewusst vom Alkohol abhängig gemacht wurden, so liegt die Vermutung nahe, dass die britische Marine weniger von Mut und Kühnheit zu mancher Handlung angetrieben wurde als vielmehr durch alkoholbedingte Selbstüberschätzung. Man könnte sogar behaupten, die Kriegsschiffe der damaligen Zeit führten zwar Krieg für verschiedene Königshäuser, gehörten aber alle einer Nation an – der Halluzi-Nation.

Dessen eingedenk kann man sich vorstellen, wie ein Haufen alkoholabhängiger Männer – ohne Schulausbildung und auf engem Raum zusammengepfercht – unterwegs war. Disziplin war das Mindeste, was die Offiziere scharf einfordern mussten (➤ »*Kielholen*«).

Doch zurück zum Irrglauben: Warum eine Katze an Bord sinnvoll ist, leuchtet nüchternen Zeitgenossen sofort ein – weil sie die Mäuse und Ratten an Bord frisst. Derart schlichte Zusammenhänge blieben den im Alkoholdunst schwadronierenden Seeleuten aber offenbar rätselhaft, weshalb sie daraus den Glaubenssatz machten: »Katzen an Bord bringen Glück«.

Frauen an Bord brachten dagegen selbstredend

»Unglück«. Man stelle sich vor, wie ein weibliches Wesen die Fantasien einer Horde alkoholisierter Männer befeuerte, die Wochen und Monate sexueller Enthaltsamkeit vor (oder hinter) sich hatten. Da war von Prügelei bis Mord alles drin. Das war für das Schiff natürlich ein »Unglück« – aber kein von fremden Mächten gesteuertes, sondern eine von Alkohol und Hormonen ausgelöste Lawine.

Dessen eingedenk lässt sich also einiges von den abergläubischen Sätzen der Seeleute auf mangelnden Durchblick dank Alkoholeinwirkung zurückführen.

Wie auch der Satz, dass der Freitag ein Unglückstag sei, an dem man nicht auslaufen dürfe!

Wenn man dazu weiß, dass der Donnerstag der Sonntag des Seemanns war, kann man bei den damaligen Trinkmengen locker davon ausgehen, dass die Angeheuerten freitags verkaterte Ungeheuer waren. Hatten sie doch am Donnerstag genügend Freizeit gehabt, die gewohnten Tagesmengen exzessiv zu überschreiten. Ein Haufen derart durchtränkter Kerle war freitags bereit, überallhin zu stechen – nur nicht in See.

Ob die Idealisierung von Albatrossen als den Seelen verstorbener Seemänner auch mit rauschhaften Träumen angetrunkener Seeleute zu tun haben oder mit ausgiebiger Bewunderung der beeindruckenden Flugfähigkeiten dieser Tiere, sei dahingestellt.

Wer diese genialen Segler einmal bei einer Südamerika-Umrundung beobachten konnte, kann die

Bewunderung verstehen. Zumal wenn man weiß, dass Albatrosse nur zum Brüten landen und ansonsten auf dem Meer unterwegs sind. Darin kann man übrigens eine Parallele zum Leben des Seemanns sehen.

Der lange Aufenthalt auf und über dem Salzwasser der Meere gelingt Albatrossen übrigens nur, weil sie eine körpereigene Meerwasserentsalzunganlage in sich haben. (*Worin sie sich deutlich von Seeleuten unterscheiden, sonst wäre die ganze RUM-Arie nicht nötig gewesen.*) Das Salz des aufgenommenen Meerwassers wird dabei aus einer Art Röhre oberhalb des Albatrosschnabels ausgeschieden. So regeln sie bei ihren langen Flügen den Wasserhaushalt, während ihre Nahrung Quallen sind. (*Auch hier gibt's keine Parallele zum Seemann, obwohl der manchen Fraß an Bord seiner Schiffe als quallenartige Masse erlebt haben mag.*)

Zurück zur maritimen Alkoholaufnahme: Der halbe Liter puren Rums wurde im Jahr 1740 durch Vizeadmiral Edward Vernon (1684–1757) mit einem festgesetzten Anteil Wasser versetzt und durch Zitronensaft und Zucker zum Energiebringer und Skorbutvermeider verdünnt. Dieses Getränk wurde nach Vernons Spitznamen (»*Old Grog*«) als Grog bezeichnet und Punkt 11 Uhr an die Seeleute ausgegeben. 11 Uhr morgens! Das Pfeifsignal dazu lautete »Up Spirits«.

Die Menge alkoholischer Getränke wurde im Laufe der Geschichte zwar immer weiter reduziert. Doch richtig abgeschafft wurde sie bei der britischen Marine sage und schreibe erst am 31. Juli 1970!

Diese spezielle Seemanns-Geschichte kennend empfiehlt der erfahrene Cruiser als Trinkgruß an der Bordbar kein landrattenmäßiges »Prost«, sondern ein britisch-seemännisches »Up Spirits«.

Und das *ohne* jeden Irrglauben.

Kabinentür

Die Kabinentür ist die Sicherung der Privatsphäre auf der schwimmenden Kleinstadt »Schiff«. Kurzreisende wissen deren hilfreiche Funktion nur selten zu schätzen. Weltreisende hingegen erkennen deren Potenzial recht schnell. Eröffnet man sich mit ihrer Hilfe doch die Möglichkeit, zu sich selbst zu finden, indem man sie hinter sich schließt. Eine Maßnahme, die oftmals notwendig ist, wenn man fünf Monate am Stück in dieser speziellen »Kleinstadt« lebt und täglich Menschen trifft: Altbekannte, die auch die Weltreise machen, und neue Herrschaften, die für einen Abschnitt der Weltumrundung zugestiegen sind. Bei den Mahlzeiten, in der Bar, bei der Abendunterhaltung oder auch an Land.

Manche Passagiere sind diese Häufigkeit an Begegnungen nicht gewohnt und müssen immer wieder daran arbeiten, sie zu verkraften. Dafür gibt es die Kabinentür – im von innen verschlossenen Zustand.

Doch kann sie auch manchmal zum Hindernis werden. So rief eine ältere Dame, die zum ersten Mal mit einem Schiff unterwegs war, bei der Rezeption an, nachdem sie ihre Kabine bezogen hatte, und wollte wissen: »Wie kann ich denn hier wieder raus?«

Die junge Frau an der Rezeption verstand sie erst nicht, schaltete dann aber und sagte: »Wenn Sie dem Balkon den Rücken zuwenden, dann schauen Sie doch geradeaus auf zwei Türen, oder?«

»Ja, die sehe ich!«

»Gut. Die linke führt ins Bad.«

»Das weiß ich.«

»Und die andere Tür führt raus.«

»Die kann ich aber nicht öffnen!«, erwiderte die Dame.

»Ist sie denn verschlossen oder klemmt sie? Dann schicke ich Ihnen schnell jemanden vorbei.«

»Das weiß ich nicht.«

»Was wissen Sie nicht?«

»Ob sie klemmt.«

»Dann versuchen Sie doch einfach mal die Tür zu öffnen.«

»Nein, das kann ich nicht!«

»Warum nicht?«

»Weil an der Klinke ein Schild hängt: ›Bitte nicht stören‹.«

Es gibt also zwei Türen: die Kabinentür und die Badezimmertür. Durch die eine gelangt man über eine erhöhte Schwelle zum Austreten ins Bad. Durch die andere kann man einfach so heraustreten, ohne Höhenunterschiede zu überwinden.

Man sollte annehmen, dass dieser Unterschied auch im Dunkeln zu erkennen ist. Das ist es auch in 99,999 Prozent der Fälle. Doch wenn ausgiebiger Alkoholgenuss zur Überwindung des Abschiedsschmerzes am Ende einer Reise die Sinne vernebelt, kann es schon mal zu Verwechslungen kommen.

Ein allein reisender Gast, der am letzten Abend an Bord zu viel getrunken hatte, schaffte es noch gerade, sich in seiner Kabine bis auf die Unterhose zu entkleiden, um im gleichen Augenblick tief und fest einzuschlafen. Des Nachts verspürte er aufgrund der großen Mengen aufgenommener Flüssigkeiten den Drang zum Bad.

Normalerweise ließ er im Bad während der Nacht das Licht brennen, damit ihm der Lichtschlitz unter der Tür die Richtung in der Dunkelheit wies. Aus ungeklärtem Grund brannte das Licht in dieser Nacht nicht im Bad – wohl aber draußen auf dem Gang.

Also schlurfte der noch immer stark Benebelte zur Tür mit dem Lichtschlitz am Boden, öffnete sie mit geschlossenen Augen, um sich vor dem grellen Badezimmerlicht zu schützen, und trat ins Helle. Unter den nackten Füßen spürte er jedoch nicht – wie im hintersten Kämmerlein seines alkoholisierten Hirns erwartet – die kalten Kacheln des Bades, sondern … Teppichboden. So öffnete er blinzelnd die Augen – und sah die Tür einer anderen Kabine vor sich. Dann blinzelte er nach rechts, wo ihn der Kabinengang mit unendlicher Weite angähnte. Und links dasselbe. Während ihm dämmerte, dass sich in seinem Bad bislang weder eine weitere Tür noch irgendeine unendliche Weite befunden hatten, fiel seine Kabinentür mit einem leisen, aber endgültigen Klick rücklings ins Schloss.

Nun stand er da, der Alleinreisende. Und war sehr, sehr allein! Dürftig und keineswegs für das normale Bordleben bekleidet, befand sich überdies in seiner Unterhose weit und breit keine »Tasche«, in der die rettende Karte für die Kabinentür hätte stecken können. Und gleichzeitig erinnerte ihn der Druck in seinem Innern immer drängender, warum er nicht in seinem Bett lag, sondern hier stand.

»Was tun?«, trudelte es durch sein Hirn, dass nicht im Vollbesitz seiner geistigen Kraft war. Stehen bleiben machte alles nur noch schlimmer. Also ging er – keineswegs entspannt – auf der Suche nach Erleichterung durch leere Flure. Mit zunehmender Unruhe stand er alsbald vor dem Fahrstuhl, bestieg ihn prompt und drückte auf »Promenadendeck«.

Dort angekommen, hatte der Drang arg zugenommen und veränderte seinen Gang deutlich. Als er die Türe nach draußen aufgestemmt hatte, war er zwar nicht in dem Zustand, sich um Luv und Lee Gedanken machen zu können, brauchte es aber auch nicht, da es erstens eine windstille Nacht war und er sich zweitens am Heck des Schiffes befand. So schritt er zur Reling und brachte nicht »Asche zu Asche«, sondern Wasser zu Wasser – und bereicherte das Meer auf ökologisch nicht vollkommen korrekte, aber sehr erleichternde Weise.

Frieden und große Ruhe machten sich nach vollbrachter Tat in seinem Innern breit und er beschloss sich wieder hinzulegen. Also taperte er an der Reling entlang den Weg zurück, fand mit der schlafwandlerischen Sicherheit des Betrunkenen die Türe, die ins Schiffsinnere führte, und hatte das Glück, dass sich der Fahrstuhl nicht von der Stelle gerührt hatte. Und weil ihm der Teppichboden dieses Fahrstuhls so angenehm kuschelig vorkam, setzte er sich erst mal nieder, als sich die Lifttür leise schloss. Der Teppich war wirklich verführerisch weich. Ja, er lud ihn geradezu unwiderstehlich zu einem Nickerchen ein. Und so rollte er sich auf die Seite und schlief ein.

Seine Nachtruhe wurde irgendwann durch den schrillen Schrei aus einer Frauenkehle jäh beendet. Als er realisierte, dass diese Frau nicht ungebeten in seine Kabine eingedrungen war, bemerkte er, dass hinter der Frau mit den schreckgeweiteten Augen noch weitere Menschen mit ebenfalls schreckgeweiteten Augen und kleinen Koffern standen. Er hingegen sah sich nur mit einer Unterhose bekleidet auf dem Boden dieses kleinen Raumes liegen, der keinerlei Ähnlichkeit mit seiner Kabine hatte.

Dank des Restalkohols in seinen Blutbahnen neigte seine Wahrnehmung immer noch zu leichter Selbstüberschätzung. So stand er einfach auf und schritt freundlich lächelnd durch die Menge der Kofferträger, die beiseitewichen wie das Rote Meer auf Geheiß des Moses.

Da das Schiff bereits im Zielhafen angelegt hatte, war seine Kabinenperle schon bei der Arbeit und konnte ihm verschämt kichernd seine Kabinentür öffnen.

Einige Zeit später verließ er das Schiff mit einer großen Sonnenbrille im Gesicht und kehrte nie wieder auf diese Planken zurück.

Woran wir sehen, Kabinentüren gehen immer nach zwei Seiten auf: nach innen – UND nach außen.

Kapitän

Der Kapitän auf einem Kreuzfahrtschiff hat's schwer. Führe er nur einen Frachter, so hätte er lediglich die Verantwortung für Schiff und Fracht. Gut, das hat der Cruise Ship Captain letztlich auch – aber seine Fracht ist anders. Die liegt nicht fein säuberlich aufeinandergestapelt und fest verzurrt an Deck wie Container oder Stückgut. Seine Fracht liegt auch nicht lose im Bauch des Schiffes wie Eisenerz. Nein, die Fracht seines Schiffes verändert fortwährend ihre Position, sortiert sich ständig um, verlässt in den Häfen selbstständig das Schiff – und spricht!

Zum Beispiel stellt sie Fragen, die der Kapitän mit engelsgleicher Geduld beantworten muss. Oder zumindest sollte. Doch gelingt das nicht immer. Manchmal kommt dabei auch der große Klare aus dem Norden durch.

So folgte bei einer nautischen Fragestunde ein Passagier seinem männlichen Wissensdurst, als er wissen wollte: »Heute Morgen sagten Sie bei Ihrer Durchsage, dass wir mit etwa sechs Meter hohen Wellen rechnen müssten. Woher wissen Sie denn, dass sie sechs Meter hoch werden? Können Sie das anhand der Windstärke berechnen? Oder wie machen Sie das?«

Darauf der Captain: »Ich schau einfach im Internet nach!«

Tja, seine »Fracht«! Die muss er – bevor er sie von A nach B transportieren kann – zu allem Überfluss auch noch auf die Seenotrettungsübung einschwören (➤ *Bd. 1* »*Drill*«).

Wenn denn alle da sind.

»Sind sie das?«, wollte der Kapitän zu Beginn des nächsten Streckenabschnittes wissen.

»Vollzählig – bis auf das Paar von Kabine 827«, so der Safety-Officer, der für den Zählappell der Passagiere zuständig war. Also wurde dieses Paar vom Cruise-Director über die Bordlautsprecher ausgerufen. Beim zweiten Mal über Bord- und Kabinenlautsprecher. Beim dritten Mal nahm der Kapitän persönlich das Mikro in die Hand: »Letzter Aufruf für die Gäste der Kabine 827. Bei der Seenotrettungsübung warten 800 Gäste und 200 Crew-Mitglieder nur noch auf Sie! Wenn Sie sich nicht in den nächsten zwei Minuten auf Deck 6 einfinden …«, hier machte er eine dramatische Pause, »… gibt's morgen nix zu essen.«

Doch auch nach dieser für Passagiere »härtesten« aller Drohungen standen die Vermissten immer noch nicht auf der Matte. Also wurde die Chefin vom Housekeeping gebeten nachzuschauen, was mit der 827 los sei.

Die Hausdame klopfte einmal an die Kabinentür … dann ein zweites Mal … als auch nach dem dritten Mal keine Antwort kam, öffnete sie vorsichtig die von innen nicht verriegelte Tür mithilfe ihres Generalschlüssels, warf einen Blick in die Kabine und zog die Tür wieder zu – weil sie vor Lachen losprusten musste.

Durch die Kabine hindurch hatte sie nämlich auf dem Balkon einen nackten Mann gesehen, der ihr die Rückseite zukehrte … und vier Beine hatte. Allesamt in Richtung Reling ausgerichtet – mit Blick auf die dem Hafen abgewandte Meerseite.

Also rief sie grinsend auf der Brücke an, berichtete von diesem sich rhythmisch bewegenden Stillleben ›Kabine mit Meerblick‹ und fügte hinzu: »Captain, dieses Paar befindet sich auf Hochzeitsreise. Könnten Sie den Drill für die beiden nachholen lassen?«

Darauf herrschte am anderen Ende der Leitung Stille. Dann sagte der erste Mann an Bord – und sein Grinsen war selbst durch den Telefonhörer zu sehen: »Da will ich noch mal Gnade vor Recht ergehen lassen. Die Honeymooner haben eine Stunde Zeit. Das soll ja wohl reichen! Danach treten sie an. In aufgeräumtem Zustand!«

Und so geschah es: In einem Privatissimum mit dem »Safety« übten sie das korrekte Anlegen der Rettungswesten und wie sie das richtige Rettungsboot finden konnten. In seiner rosaroten Sicht der Dinge hatte das verliebte Paar zwar überhaupt nicht mitbekommen, warum für sie eine eigene Rettungsinstruktion abgehalten wurde. Doch fanden Sie den »Safety« (*der sich das breite Grinsen auch nicht verkneifen konnte*) einen »unglaublich gut gelaunten Mann«.

Die Freuden lustvoller Zweisamkeit sind Kapitänen natürlich nicht fremd. Zumal sie hin und wieder selbst eine solche ins Auge fassen.

Mancher erste Mann an Bord findet nämlich, dass Passagierinnen absolut Recht haben, wenn sie in ihm eine Art maritimen Zeus sehen. Diese Annahme lässt manchen Vielgestreiften der Versuchung erliegen, wie Göttervater Zeus umherzustreifen und bei der verführerischen Leda, der heldischen Alkmene, der überaus reizvollen Dione oder der sportlichen Europa vorbeizuschauen, um mit ihr die eine oder andere Frivolität zu begehen.

Neben ihrer reizvollen Ausstrahlung haben besagte passagere Zeus-Gespielinnen den unschätzbaren Vorteil einer endlichen Präsenz an Bord. So bleibt dem Einzigartigen des Olymps die Routine des Beziehungsalltags erspart. Einen Vorteil, den die Gespielinnen übrigens meist aus demselben Grund sehr zu schätzen wissen.

Manchen Schiffskommandanten kann solch hormonelle Wilderei mental aber auch so sehr beeinträchtigen, dass er einfachste Fakten vergisst – und dabei für stehende Redewendungen im Wortschatz der Crew sorgt.

So betanzte ein Kapitän auf einem Kreuzfahrtschiff vergangener Jahre eine sehenswerte junge Frau mit Mannequinmaßen (*so hieß das damals*). Sie war gut einen Kopf größer als der etwas kurz geratene Herr über dieses Schiff. Sein Haupt befand sich deshalb beim Tanze auf Brusthöhe der jungen Frau, was ihm sehr gefiel – und auch für sie war das sehr in Ordnung.

Nun hatte den Herrn sein Hormonspiegel aber eine klitzekleine Tatsache ignorieren lassen. Nämlich den Umstand, dass seine Ehefrau *ebenfalls* an Bord war und entgegen seiner Annahme keineswegs bereits im Bett weilte, sondern auf der Suche nach ihm war.

Als sie schließlich in die Bar kam und ihn so innig mit der jungen Frau tanzen sah, machte sie kehrt, winkte einen Steward herbei und zischte den jungen

Mann an, er solle ihrem Gemahl mitteilen, »unverzüglich« zu ihr zu kommen. Bei diesen Worten schaute sie den Steward mit einer Härte an, dass dem guten Mann ganz kalt wurde.

Nun ist ein Steward zwar Teil des Hotelbetriebs an Bord, aber wie alle Mitglieder der Crew letztlich dem Kapitän unterstellt. Derjenige, dem er die erzürnten Grüße der Gemahlin ausrichten sollte, war also sein oberster Chef. Oder um bei der Begriffswelt des Olymps zu bleiben: Der Steward war das arme Menschlein, das dem allmächtigen Zeus eine unfreundliche Botschaft seiner vor Eifersucht schäumenden Hera überbringen musste.

Was tun? Der junge Steward erinnerte sich an den Mitternachtssnack, der zu dieser Stunde gereicht wurde, und verfiel auf folgende Botschaft, die fortan zum geflügelten Wort an Bord wurde. Er ging zum Kapitän und sagte leise zu ihm: »Captain, Ihre Frau schickt mich, die Würstchen werden kalt!«

Daraufhin straffte sich der bis dato in schmusiger Haltung am Busen der jungen Frau dahinschmelzende Mann und wurde wieder zum Kapitän. Mit einem zackigen »Sie entschuldigen!« verabschiedete er sich und verließ die Bar.

Ganz, ganz selten wird die Nähe des Kapitäns von seinen Passagieren *überhaupt nicht* geschätzt.

So berichtete ein Kapitän dem Autor, dass ihm einmal ein Gast auf die Einladung an den Captain's Table ausrichten ließ: »Ich nehme meine Mahlzeiten grundsätzlich nicht mit dem Personal ein!«

Besagter Kapitän war so ehrlich zuzugeben, dass ihn diese Antwort damals gekränkt hatte. Inzwischen könne er – so seine Einlassung – eine solche Haltung durchaus akzeptieren – vorausgesetzt, sie würde etwas diplomatischer zum Ausdruck gebracht.

Merke: All diese kleinen Geschichten erzählen von Kapitänen, die FRÜHER einmal zur See gefahren sind.
Auf den Kapitän Ihres Kreuzfahrtschiffes, geschätzte Leserin und werter Leser, treffen diese Anekdoten selbstverständlich NICHT zu. Denn: Ihr Kapitän fährt ja noch zur See – und ist vollkommen anders. Versprochen.

Kielholen

Kielholen ist eine veraltete und zutiefst unfreundliche Form der Bestrafung für Seeleute bei unbo(o)tmäßigem Verhalten. Dabei wurden dem zu Bestrafenden die Hände mit einem langen Seil zusammengebunden. Sodann nahm ein Matrose das Seilende, tauchte unter dem Schiff hindurch und reichte das Seil wieder an Bord zurück. Im nächsten Schritt wurden dem zu bestrafenden Seemann die Füße ebenfalls mit einem langen Seil zusammengebunden und der arme Tropf sodann ins Wasser befördert. Aber nicht um zu schwimmen, sondern um unter dem Schiff hindurchgezogen zu werden, wobei ihm nichts anderes übrig blieb, als die Luft anzuhalten. Wie schnell oder wie langsam der arme Kerl nun über die meist mit Muscheln und Algen bewachsene Unterseite des Schiffsrumpfes gezogen wurde, entschied über Leben und Tod. Ging ihm dabei nicht die Luft aus, so verursachten die Hautabschürfungen in jedem Fall schmerzhafte Infektionen.

Kielholen wird übrigens auf vielen Kreuzfahrtschiffen auch für Passagiere wieder als Bestrafung in Erwägung gezogen – für das Reservieren von Liegen auf dem Sonnendeck. Und für das zu gierige Zulangen am Büfett. (➤ »Water Kant«)

Kreuzfahrträtsel

Beim Kreuzworträtsel werden Worte gekreuzt.

Im Kreuzfahrträtsel hingegen Gedanken.

Zur See. Den Schiffen. Allem Maritimen.

Wobei man – wenn man ein Kreuz entlanggehen würde – im Zentrum des Kreuzes um die Ecke gehen muss, um von einem Schenkel in den nächsten zu gelangen.

So müssen Sie auch bei diesem kleinen Quiz »um die Ecke denken«, um zur Lösung zu gelangen.

Hier ein Beispiel:

Frage: Sie ist *Luftschaukel* und *Schlafmöbel* in einem.

Antwort: Die Hängematte

Auf alten Segelschiffen schlief der Seemann in Hängematten. Sie bestanden allerdings im Gegensatz zu den an Land gebräuchlichen Modellen aus festem Segeltuch.

Die Antworten auf die folgenden Fragen finden Sie auf Seite 294:

1. Auf steinernem Deich sieht man ihn nie, dafür auf grünem Hügel.

2. Mit Gretel haben diese Rituale nichts zu tun, wohl aber mit einer feinen Kaufmannsvereinigung.

3. Meist hängt er. Aber wenn er losgelassen, besteigen ihn so viele, wie's nur geht.

4. Sein Gegenteil reimt sich auf See.

5. Ihn braucht man zwar für vieles, aber wer ihm mit seinem Schiff begegnet, kann einpacken.

6. Sie gibt's auf Steuer- und Backbord und lässt tief blicken.

7. Er lässt sich vom Winde verwehen.

8. Wenn sein Tuch sich bläht, jammert keiner.

9. Er ist nicht der Richtige, tut aber gerne so, damit es den Richtigen nicht nervt.

10. Sie muss man sich vom Hals halten, wenn man über Bord geht.

11. Nager-Hemmungen heißen richtig …

12. Sie können die Nager-Hemmungen nicht zurückhalten.

13. Hier liegt sie an der Kette. Koste es, was es wolle. – aber das tut es meist gar nicht.

14. Er ist sehr umtriebig und bringt sie voran. Bei jedem Wetter.

15. Er ist ein Beirat mit feuchten Ortskenntnissen.

16. Er geht über Bord, wann immer er soll. Und er soll regelmäßig!

17. Ihm gehen eigentlich alle aus dem Weg, aber ohne ihn kommt man nicht an Deck.

18. Er schwamm im Weidekörbchen und ist danach immer der Jüngste geblieben.

19. Wenn das Wasser durch sie rinnt statt strömt, möchte jeder Kapitän ganz weit weg sein.

Küche

Die regelmäßige Essensaufnahme genießt auf Kreuzfahrtschiffen besondere Aufmerksamkeit. Ist sie doch eine sinnliche Erfahrung, die in schöner Regelmäßigkeit befriedigt wird. Sie nimmt sogar an Attraktivität noch zu, wenn andere Themenbereiche der Sinnlichkeit ein wenig zu kurz kommen.

Der oberste Haubenträger (*kurz »Chef« genannt, der auch unter diesem Stichwort weiter oben zu finden ist*) und seine kulinarischen Kollegen sind deshalb sehr wichtige Größen an Bord. Schließlich sollen ihre

Verführungskünste die Passagiere bezaubern – und eine wohlgefällige Gelassenheit erzeugen, die von der menschlichen Äquatorialregion hirnwärts strebt und dortselbst für Ruhe und innere Ausgeglichenheit sorgt. So ist der »Chef« ein wichtiger Garant für den inneren Frieden bei den Passagieren – und Stiller aufkeimender Unzufriedenheit untereinander. Kurzum: Er ist eine wichtige Person an Bord.

Auf manchen Luxuslinern der maritimen Oberklasse, wo das Publikum besonders viel Wert auf kulinarische Verwöhnung legt, werden die vergebenen Sterne der Schiffsklassifizierung mit den Sternen des »Guide Michelin« hochgetunt – und lassen eine Sternenkonzentrationen entstehen, die an Strahlkraft einzigartig ist.

Es gibt aber noch einen weiteren Vorteil der Restaurants an Bord – im Vergleich zur Küche an Land: Während man sich an Land nach einem köstlichen Essen zwar bei einem ausgedehnten Spaziergang die Beine vertreten kann, bleibt doch die Geografie rings um das Restaurant nachhaltig gleich. Nicht so auf einem strahlend weißen Kreuzfahrtschiff. Dort wird nämlich nach einem gepflegten Dinner und einem Spaziergang auf dem Promenadendeck über Nacht eine neue Stadt vor das Restaurant gezogen, in der man die von den kulinarischen Begegnungen strapazierten Organe frischer Luft und neuen Impressionen aussetzen kann. Anschließend ist es jedermann freigestellt, erneut am bordeigenen Damast Platz zu nehmen und sich edle Tropfen aus den schiffseigenen Kellern kredenzen zu lassen und so die sehr elitäre Variante von »Essen auf Rädern« zu Gemüte zu führen.

Ob nun sternengeschmückt oder nicht: Für alle Haubenträger gilt, dass sie sich auf die schwankenden Töpfe in den Kombüsen erst einmal eingrooven müssen. Prinzipiell ist die Arbeit von Köchen ohnehin alles andere als leicht. Auch wenn in diversen Kochsendungen andere Eindrücke erweckt werden.

Denn in Restaurantküchen ist es heiß und laut. Die Arbeit ist körperlich schwer. Die Kochkünstler stehen unter Zeitdruck und viel Platz, um sich zu entfalten, haben sie auch nicht. Okay, das ist in jeder Restaurantküche so. Aber im Schiff bewegt sich auch noch der Untergrund! UND: Vom Horizont ist weit und breit nichts zu sehen. Wer da nicht seefest ist, steht nach einem halben Tag wieder an Land. Das sollte man bei jeder Mahlzeit im Auge behalten und bei der Kochparade gegen Ende einer jeden Seereise mit tosendem Applaus bedenken – um so diesen Zauberkünstlern den verdienten Respekt zu zollen.
Nun sind die Jungs der feinen Zunge aber nicht nur harte Arbeiter, sondern meist lebensfrohe Zeitgenossen, die »practical jokes« lieben.

So schickte ein Chef eines Tages einen blutigen Anfänger seiner Zunft los, um die »Kümmelspaltmaschine« zu besorgen. Er warnte ihn: »Das ist aber nix für Weicheier!«

»Keine Sorge, Chef. Das kriege ich schon hin«, sagte der Frischling voll Zuversicht, nicht ahnend, dass der Behälter mit der »Kümmelspaltmaschine« eine fest verschlossene Kiste voller Eisenschrottteile war, die der »Chief«-Ingenieur dem »Chef« für dessen »kleinen Joke« zusammengestellt hatte.

Nachdem der Neuling die wahrlich schwere Kiste von weit her in die Küche gewuchtet hatte, durfte er sie auspacken – und bekam angesichts der Schrottteile erst mal einen ordentlichen Kümmelschnaps. Zur Stärkung.

Auch mancher Gast wird von den »kleinen Aufmerksamkeiten« der Küche nicht ausgeschlossen. So fragte eines Tages ein Weltreisender den Chef, woher er bloß immer die exzellenten Hühnereier habe. Und die auch noch tagtäglich frisch. Die Antwort überraschte den Gast: »Ihnen als Weltreisendem kann ich es ja verraten,« sagte der Koch im Flüsterton. »Wir haben im untersten Deck, vorne im Bug einen Hühnerstall. Da halten wir auch unsere Kielschweine*, Sie wissen, für die Koteletts und so. Wenn Sie wollen, kann ich Ihnen die Ställe gerne mal zeigen. Sie müssten allerdings morgens um fünf Uhr runterkommen. Da ist Fütterungszeit und danach wird wieder alles verschlossen.«

---

* Kielschwein – eine innen auf dem Kiel liegende Verstärkung, die typischerweise das Unterende des Mastes auf Großseglern aufnimmt – und so wenig ein Tier ist wie der.

Man einigte sich auf den nächsten Tag und der Gast kam morgens um fünf zum vereinbarten Treffpunkt unter Deck. Er wurde »aus Hygienegründen« in einen weißen Overall gesteckt, samt Gummistiefeln und Haarnetz, und folgte dem Chefkoch in die untersten Etagen des Schiffes. Schließlich kamen beide an eine Tür, hinter der der Chef einige seiner Köche in Stellung gebracht hatte, um zu gackern und zu grunzen, sobald die Klinke der Tür heruntergedrückt werden würde.

Sie taten wie geheißen, als der Chef die Türe zunächst nur einen spaltweit öffnete: »Hören Sie's? Die wissen schon, dass jetzt Futter kommt. Die sind schon ganz aufgeregt!«

Dann öffnete er die Tür ganz und ließ den erstaunten Weltreisenden die gackernden und grunzenden Köche sehen. Der stutzte erst – und brach dann in schallendes Gelächter aus, worauf der Chefkoch eine vorbereitete Flasche Champagner öffnete und allen Beteiligten einen inspirierenden Morgenschluck kredenzte. Der Gast konnte sich anschließend wieder aufs Ohr legen, während die Köche zur Arbeitsaufnahme schritten.

Ein anderer Gast wollte von demselben Chef wissen, woher er immer die frischen Kräuter auf hoher See habe. Daraufhin enthüllte der ihm, dass der Kapitän auf einem versteckt gelegenen Oberdeckabschnitt hinter der Brücke einen kleinen Kräutergarten angelegt habe. Und wenn mittags um zwölf der Typhon tute, dann sei das eigentlich nur die Erinnerung für den Kapitän, die Kräuter zu gießen. Aber den Passagieren gegenüber könne man das natürlich nicht zugeben, sondern verkaufe es als Signal für »Punkt Mittag«. Und dann setzte der Chef hinzu: »Aber bitte, das bleibt unter uns. Okay?«

Natürlich!

Am Abend wussten alle Passagiere des Schiffs von dem Kräutergarten – und warum der Typhon immer Punkt zwölf Uhr ohrenbetäubend seine Arbeit tat.

Manchmal geht es aber auch anders: Ein Gast, der sich besonders eklig gegenüber dem Service benommen hatte, bekam eines Abends einen wie ein Schnitzel panierten Vileda-Schwamm als Amuse Bouche serviert: »Mit den besten Grüßen aus der Küche!«

Die Mitglieder des Service empfanden diese kleine Rachegeste als Genugtuung. Und den Gast regte sie zum Nachdenken an. Woran man sieht: Immer schön höflich bleiben – auch und gerade als Gast!

Landausflug

Der Landausflug ist der zweite Grund, weshalb der Kreuzfahrtjünger seine Reise unternimmt. Der erste ist natürlich das Reisen an Bord »seines« weißen Luxusliners.

Ist er sodann im Hafen angekommen, steht die Besichtigung des Ortes auf dem persönlichen Programm. Das ist ihm wichtig, denn schließlich gehört es zu den unwidersprochenen Vorteilen einer Kreuzfahrt, dass man nur einmal auspacken muss und dann viele herrliche Städte kennenlernen kann.

So durchstreift er nach Herzenslust die schwülsten Großstädte (*Mumbai*), die hektischsten Metropolen (*New York*) und ambivalentesten Zentren (*Kapstadt*), die unüberschaubarsten Moloche (*Manila*) und die Hauptstädte mit der meisten Musik (*Havanna*).

Egal, wie anstrengend diese Städte und Regionen auch immer sein mögen, am Abend sitzt er frisch geduscht und wohl gekleidet an weiß gedecktem Tisch und nimmt gemeinsam mit den anderen Passagieren ausgesprochen zivilisiert ein mehrgängiges Menü ein. Ente gut, alles gut.

Selbst wenn es ihm so ergeht wie einer Passagierin auf dem Cruise-Ship einer amerikanischen Reederei, das im Hafen einer karibischen Insel festgemacht hatte.

Die meisten Passagiere waren bereits von Bord gegangen, als plötzlich an der Gangway ein Tumult ausbrach. Menschen riefen durcheinander, die Polizei wurde alarmiert und hektische Aktivität griff um sich.

Wie sich schnell herausstellte, war erwähnte Passagierin zwar die Gangway hinunter, aber dann aus unklaren Gründen neben den Kai getreten – und zwischen Schiff und Kaimauer ins Hafenwasser gefallen. Das Problem daran war, dass die Amerikanerin zu den voluminöseren Exemplaren der Gattung »Mensch« gehörte. Das machte die Bergung im wahren Sinn des Wortes »schwer«. Auch wenn gerade Flut war, sodass die »Hub-Strecke« auf den steinernen Kai nicht allzu hoch war.

Den Fendern (*das sind die dicken Puffer zwischen Kaimauer und Schiffswand*) war es zu verdanken, dass keine wirkliche Gefahr für Leib und Leben der Passagierin bestand, weil sie das Schiff ausreichend auf Abstand zur Kaimauer hielten.

Und während Seile zur Bergung der unglücklichen Passagierin nach unten geworfen wurden, stand an der Kaimauer ein Mann in Hawaiihemd, auf dem Kopf einen ausladenden Stetson, und wollte gar nicht aufhören zu lachen. Als ihn ein Mitglied der Crew bat, doch bitte beiseitezutreten, um die Bergung der Frau nicht zu behindern, und das Lachen einzustellen, weil das ja wohl der Situation nicht angemessen sei, entgegnete der Typ: »Ich kann hier so viel lachen, wie ich will. Das Mädel da unten ist *meine* Frau!«

Es muss nicht gleich zu einem »Zwischen-Fall« wie diesem kommen, um eine gewisse Umsicht auf der Gangway an den Tag zu legen. Denn es gibt eine Erfahrung, die nicht nur für Landgänge, sondern grundsätzlich gilt: Nehmen Sie NIEMALS auf der Gangway – und damit generell über dem Wasser des Hafenbeckens – irgendetwas in die Hand. Kein wichtiges Dokument, keine Bordkarte und erst recht nicht Ihren Pass. Sollte der Ihnen nämlich aus den Händen ins Wasser fallen, fällt gleich die gesamte Reise hinterher. Denn ohne Pass kommen Sie nirgends von Bord. Nirgends!

Auch Schlüssel oder andere reisewichtige Utensilien sollte man auf der Gangway unter keinen Umständen in die Hand nehmen. Eigentlich gar nichts, was von Bedeutung ist. Das tut man entweder auf dem Kai oder an Bord. Über Wasser bleibt alles in den Taschen!

Wer den Übergang vom Schiff an Land schadlos überstanden hat, kann seinen Landausflug auf verschiedene Weise genießen.

Die einen begeben sich dazu in die Obhut eines Reisebusses, um die Sehenswürdigkeiten zu besuchen, die ihnen ein ortskundiger Lektor am Tage zuvor mit farbenprächtigen Bildern schmackhaft gemacht hat. Sie lassen sich so das »Best of …« präsentieren.

Neugierige Individualisten hingegen schnüren ihren Rucksack und begeben sich allein auf Erkundungstour. Das schont die Reisekasse und folgt der Devise: Selbstentdecktes hat einen größeren Erinnerungswert als »Vorgekautes«. Inwieweit das stimmt, muss jeder für sich entscheiden.

In jedem Fall gibt es aber einige Punkte, die man bei der Selbsterkundung im Auge behalten sollte:

✳ Als Vorbereitung auf die Reise hat sich der Cruiser schon zu Hause über den Ort sachkundig gemacht. Er hat Reiseführer gewälzt, das Internet gescrollt und erfahrene Reisende befragt. Das ist für ihn weniger Arbeit als appetitanregende Vorfreude auf die Leckerbissen der Reise.

Das Resultat von dem, was er für *würdig* hält, gesehen zu werden, hat er als seine ganz persönlichen Sehens-Würdigkeiten auf einem Stadtplan eingezeichnet – der für diesen Tag seine Schatzkarte ist. Die hilft ihm nicht nur genau das zu sehen, was er sich ausgesucht hat, sondern zeigt ihm auch den Weg, wie er vom Hafen in die Stadt kommt. Und wieder zurück!

✳ Aus dem gleichen Grund nimmt er von Bord eine Postkarte mit, auf der das Schiff formatfüllend abgebildet ist. Sodann schreibt er sich den Namen des Hafens und des Piers in der Landessprache (!) darauf. Das hat schon manchem dazu verholfen, rechtzeitig zum Ablegen wieder an Bord zu sein.

✳ Beim Aufbruch vom Schiff vermeidet er – wie zu Hause auch – die morgendliche »rush hour«. An Bord ist das die Zeit, wenn sich alle Reisegruppen einfinden, um mit den entsprechenden Bussen ihre Ziele anzusteuern. Ist er ein »early bird«, marschiert er VOR den Busgruppen an Land. Möglicher Nachteil: Die Geschäfte und Museen sind noch dicht und die Cafés werden nur von hektischen Espressotrinkern aufgesucht, die sich auf dem Weg zur Arbeit einen kurzen Braunen gönnen. Doch weil er auch damit einen Landausflug beginnen kann, setzt er sich einfach zu ihnen, freut sich, nicht hektisch sein zu müssen, und genießt es zuzuschauen, wie das Leben in der Stadt erwacht.

✳ Wann immer der Cruiser ein Taxi besteigt, macht er den Preis VOR Beginn der Fahrt aus (*die Schiffsrezeption kann ihm meist eine ungefähre Idee geben, was ein ortsüblicher Preis ist*). Oder er besteht beim Besteigen der Droschke darauf, den Taxameter anzuwerfen.
Wie wichtig das sein kann, zeigt ein Beispiel aus Hongkong: Ein Passagier teilte sich mit einem Kollegen ein Taxi, um eine kleine Rundreise durch die

ehemalige Kronkolonie zu unternehmen, und machte mit dem Fahrer einen Pauschalpreis aus. Eigentlich ein normaler Vorgang. Doch hier bescherte er den beiden Ungemach.

An der ersten Kreuzung, auf der ein Polizist den Verkehr regelte, wurde der Wagen angehalten. Der Polizist fragte, was hier vor sich gehe, und die beiden Passagiere antworteten, sie hätten den Wagen für zwei Stunden zu einer Besichtigung Hongkongs gemietet. Darauf erwiderte der Polizist, dass das gegen das Gesetz sei, da der Fahrer seine Handschuhe ausgezogen und über den Taxameter gelegt habe. Deswegen müssten nun alle auf die Wache.

Da dieser Tag ein Sonntag war, ihre Pässe im Safe des Schiffes sicher verwahrt waren und das Konsulat natürlich geschlossen hatte, konnten sich die beiden Herrschaften im Fond des Wagens ausrechnen, dass sie nun wohl oder übel die Nacht auf einer Wache in Hongkong verbringen müssten. Da ihr Schiff aber am Abend den Hafen verlassen wollte, war das keine wirkliche Option für die beiden. Deshalb verständigten sie sich kurz auf Deutsch und öffneten – als sich der Polizist gerade auf den Beifahrersitz gequetscht hatte – ihre Türen und sprinteten jeder in eine andere Richtung davon. Unter Applaus und Lachen von drei Dutzend Chinesen, die sich das Schauspiel »Die Verhaftung zweier Langnasen« nicht hatten entgehen lassen wollen.

Dieses Erlebnis, bei dem die beiden glücklich entkamen, setzt Geistesgegenwart, körperliche Fitness und eine gewisse Ortskenntnis voraus. Und was lernen wir daraus? Genau: nie ohne Taxameter fahren.

✳ Der Landgänger ist selbstverständlich klug genug, sich beim Ausschwärmen in arme Gegenden (*und davon gibt es mehr als mancher meint*) nicht mit Schmuck, teuren Uhren und Kameras zu behängen. Denn was bei uns normal ist, wirkt in armen Regionen superreich – und weckt Begehrlichkeiten. Das könnte gefährlich sein, ist aber mit Sicherheit unhöflich. Denn man protzt nicht mit dem eigenen Hab und Gut. Nirgendwo. Weder an Land – noch an Bord. (➤ *»Water Kant«*)

✳ Der Cruiser behält grundsätzlich den Überblick über seine gesamten Landausflüge – und balanciert sie aus. So befasst sich zum Beispiel ein Landgang schwerpunktmäßig mit Geschichte und Kultur, ein anderer ist mehr durch lukullisches Umherstreifen geprägt, wieder ein anderer ist dem süßen Nichtstun mit Sonne und Strand gewidmet und ein vierter zeichnet sich dadurch aus, in einem Café zu sitzen und den Einheimischen zuzuschauen. Weltreisende, die auf ein ganzes Portfolio an Stadtbesuchen blicken können, nutzen manchmal auch den Tag, indem sie allein an Bord bleiben und das

Gefühl genießen, »das Schiff für sich allein zu haben«.

✴ Allein reisende Passagiere tun sich bisweilen mit Gleichgesinnten zusammen und erforschen in kleinen Gruppen Ungesehenes. Wichtig: Die Beteiligten sollten sich *vorher* untereinander einigen, welche Ziele in welcher Reihenfolge angesteuert werden sollen. Sonst kann es zu gruppendynamischen Friktionen kommen, die das Landausflugserlebnis verdüstern.

✴ Bei Inselbesuchen ist manchmal ein Leihwagen sinnvoll. In Island zum Beispiel. Oder auf Madeira. Oder auf den vielen schönen Inseln der Hebriden, wenn Sie eine Rundreise um England machen. Deshalb Führerschein im Gepäck nicht vergessen!
Es gibt allerdings auch Länder, in denen man keinen Leihwagen besteigen sollte: Guatemala ist solch ein Land oder die Philippinen. Generell alle Länder, in denen die Straßen mehr schlecht als recht sind. Denn um sie zu befahren, fehlt uns meist die Erfahrung. Zumal dort auch noch alle Haustiere frei herumlaufen und ein Unfall mit einem »reichen Europäer« ein gutes Geschäft sein kann.
Damit soll keine Angst vor fremden Ländern gemacht werden, sondern eine vernunftorientierte Überlegung angeregt werden. Sie kann viel Scherereien ersparen.

Selbst einen Wagen samt Fahrer zu mieten bedarf zuvor einer gründlichen Kontrolle des Fahrzeuges. Denn eine einfache Reifenpanne kann zu einer Verzögerung führen, die einen die Abfahrt des Schiffes verpassen lassen kann. Keine schöne Vorstellung!

✳ Apropos Inseln: Da sind oft die ortsüblichen Verkehrsbusse die Transportmittel der Wahl. Einerseits bekommt man so einen ungeschönten Eindruck vom Leben der »locals« (*Authentizität ist ja das, was der deutsche Reisende allenthalben sucht*) und andererseits ist das kostengünstig. Im Südsee-Paradies Rarotonga zum Beispiel besteigt der individuell orientierte Inselerkunder die »Circle-Line« (*die eine Linie fährt IM Uhrzeigesinn um die Insel, die andere entgegengesetzt, so kommt man überallhin – und auch wieder zurück*). Der Busfahrer erzählt einem derweil, wo ein schöner Strand ist, und will für die Fahrt umgerechnet zwei Euro sehen.
Doch Obacht: Man sollte das Geld für das Busticket immer in der Landeswährung passend dabeihaben. Busfahrer in anderen Ländern haben nämlich aus Sicherheitsgründen selten ausreichend Kleingeld dabei und können nicht wechseln.

✳ Und so lässt sich der Cruiser von Punkt zu Punkt auf seinem Plan treiben. Schaut mal hier rein, mal dort. Und wenn er ein Fleckchen sieht, das unerwartet schön ist: schaut er es sich in Ruhe an und genießt es. Denn nicht alles ist planbar. Vieles sieht man nur vor Ort. Und manches sieht man nicht mal mit den Augen sondern … genau: Wie der kleine Prinz … nur mit dem Herzen.

Vertrauen Sie deshalb einfach Ihrem Instinkt: Wenn Ihnen etwas unsympathisch ist – machen Sie einen Bogen drum herum. Folgen Sie der Devise »Geh, wohin dein Herz dich trägt«. So sehen Sie, was Sie sehen wollen – und fühlen sich dabei nicht überfordert. Denn genau so soll ein Landausflug ja sein.

Manchmal verhilft einem ein Landausflug sogar zu gänzlich ungewohnten Erfahrungen. So ging eine junge rothaarige Passagierin in einem muselmanischen Land von Bord und trug eine Abaya (*Umhang*) samt Hijab (*Kopftuch*), um dem Land, seinen Menschen und deren Religion ihren Respekt zu erweisen.

Nun wehte aber vom Meer her ein mehr als laues Lüftchen, das ihr Kopftuch im Winde flattern ließ, wodurch hin und wieder ihr rotes Haar hervorlugte.

Es dauerte nicht lange – sie befand sich im Eingangsbereich eines Sukhs (*Markt*) und schaute sich die ausgestellten Spezereien an –, da kam ein junger Mann zu ihr und wollte in radebrechendem Englisch wissen, wer ihr Herr sei. Sie fragte – weil sie zu diesem Zeitpunkt nicht liiert war: »Warum?« Darauf antwortete der junge Mann, er solle ihm (*dem »Herrn« der*

Passagierin) ausrichten, dass es jemanden gäbe, der 200 Kamele für sie böte.

Sie lächelte überrascht, versprach das auszurichten und ging ihres Weges. Kurze Zeit später stand der junge Mann erneut neben ihr und erhöhte das anfängliche Angebot: 100 Kamele davon seien schwanger, weshalb es also eigentlich um 300 Kamele ging.

Da dämmerte ihr, dass sie das irrtümliche Bieten stoppen musste, und griff zu einer Notlüge. Sie ließ den jungen Mann nämlich wissen, dass sie schon jemandem versprochen sei. Das überzeugte ihn zwar nicht richtig, aber ihr Argument entzog dem Geschäft seine innere Logik und so zog jeder seines eigenen Weges. Der eine nach erfolgloser Heiratsvermittlung, die andere im Wissen, dass sie der Wind fast in eine Geschichte aus 1001 Nacht verweht hätte.

Eine andere Passagierin machte im europäischen Ausland eine ganz andere Erfahrung zum Thema »Männer & Frauen«: Sie hatte nämlich mit ihrem (*frisch*) Angetrauten einen Wagen gemietet und beging mangels ehelicher Erfahrung den Fehler, ihrem Gemahl das Steuer zu überlassen und selbst das Lesen der Karte zu übernehmen.

Eine fatale Kombination – wie jede Ehefrau weiß!

Denn Männer fragen ja grundsätzlich nicht nach dem Weg (➤ *»Statt eines Vorwortes«*). Ob das aus der Zeit als Höhlenmensch stammt, wo MANN ja auch nicht nach dem Aufenthalt eines Mammuts fragen konnte, um es sodann mit seinen Kumpels zu erlegen? Oder ob das gegen seinen Stolz verstößt?

Tatsache ist: Ein Mann fragt nicht nach dem Weg! Weder in der Feinkostabteilung eines Kaufhauses noch in den Weiten unwegsamer Steppen und erst recht nicht bei der Suche nach einer Sehenswürdigkeit am Steuer eines Pkw.

Der Mann an sich verlässt sich stattdessen auf seine exzellente Orientierung und seine – bei Y-Chromosomen-Trägern »legendär« ausgebildete – Intuition. Gut, in zwischenmenschlichen Fragen versagt die manchmal. Aber bei Ortsfragen lässt sie ihn nie im Stich. Das ist genetisch bedingt!

Sie hingegen fragt ganz pragmatisch in Zweifelsfällen *immer* einen Einheimischen, wo es langgeht. Doch kann *ihr* das natürlich nicht gelingen, wenn *er* dazu erstens *nicht* anhält und zweitens als Begründung darauf verweist, dass sie doch die Karte in der Hand halte. Da brauche sie ja nur reinzuschauen. Da sei alles ganz präzise aufgezeichnet. Sie müsse sie einfach nur lesen.

Das versuchte die junge Ehefrau auch. Doch machte ihr ihre angeborene Rechts-links-Schwäche ein wenig zu schaffen.

So dirigierte sie ihren Mann durch die fremde Hafenstadt, wobei sie jede Menge von der Stadt sahen. Aber nicht das, was sie sehen wollten.

Und während sie durch die Stadt kurvten, nahm die Stimmung im Auto an Explosivität zu: Bei ihm – weil sie nicht die Karte lesen konnte. Und bei ihr – weil er nicht gewillt war anzuhalten, um nach dem Weg zu fragen.

Deshalb merke: Für Landausflüge im gemieteten Pkw gehört *er* auf den Beifahrersitz – mit der Karte in der Hand. Und *sie* hinters Steuer. Wenn er dann auch noch mit der Hand zeigt, ob es nach rechts oder links geht – anstatt es nur zu sagen –, läuft alles bestens.

Außerdem kann sie bei dieser Rollenverteilung nach dem Weg fragen – wann immer sie es für nötig hält. Aber das ist natürlich grundsätzlich unwahrscheinlich, weil ja der Meister des Kartenlesens an ihrer Seite sitzt und ihr den Weg weist.

Vorausgesetzt die Karte wurde nicht von einem kompletten Vollidioten gezeichnet, für den Entfernungen und Proportionen völlig fremd sind. Was öfter vorkommt, als man(n) annimmt …

Neue Sicht der Dinge

Der Philosoph und Theologe Johann Gottfried Herder, der mit Goethe, Schiller und Wieland zum Viergestirn der Weimarer Klassik gehörte, hat es schon 1769 gewusst: Eine Reise auf dem Meer eröffnet neue Perspektiven. Daran hat sich bis heute nichts geändert. Nur wissen wir dank der modernen Hirnforschung inzwischen, warum das so ist.

Das menschliche Wesen verfügt ja dankenswerterweise nicht über ein Gehirn, sondern über ein höchstkomplexes Netzwerk, das in zwei Gehirn*hälften* aufgeteilt ist. Die eine Hälfte befasst sich mit bewussten, rationalen Dingen, die andere »rechnet« im Dunkeln des wenig Bewussten und erweist sich dabei als erstaunlich kreativ.

Nun ist es ein schönes Bild, wenn in der deutschen Sprache der Begriff »*Einfall*« darauf hindeutet, dass etwas in einen »*hineingefallen*« sei – etwas, das der Schwerkraft folgend von oben kommt und somit dem (Hin)Eingefallenen eine spirituelle oder göttliche Dimension verleiht.

Doch scheinen Einfälle auf weniger wundersame

Weise zustande zu kommen, wenn man die Arbeitsweise der beiden Gehirnhälften bedenkt.

Die eine Hälfte – nennen wir sie mal die »Rechte« – ist wie gesagt mit Willentlich-Rationalem befasst. Sie steuert das Verhalten, übernimmt das Organisatorische, steuert also das, was wir das »Alltagsgeschäft« nennen. Dabei »überstimmt« sie bei uns gut funktionierenden Zeitgenossen oftmals die andere Gehirnhälfte mit deren kreativ-emotionalen Prozessen.

Nun begeben wir uns in die Ferien. (*Ein Begriff, der aus dem Lateinischen stammt und »Ruhe, Frieden« und – hört, hört – »Fasten« bedeutet.*) Eine Zeit also des »Abschaltens«. Und genau damit ist die rechte Hirnhälfte gemeint.

So lassen wir die Seele baumeln, auf dass die kreative Hirnhälfte zu Wort komme. (*Die kann man zwar nicht auf Kommando aktivieren. Aber sie kommt von selbst – wenn man sie lässt.*)

Das ist an Bord eines klassischen Kreuzfahrtschiffes besonders einfach. Man stelle sich an die Reling und verschwende seinen Blick an die Weite und Leere des Meeres. Nichts springt einem da ins Auge, was die sofortige Reaktion der rechten Hirnhälfte verlangen würde. Nichts. Bis zum Horizont Stille, Weite, Lichtspiele und Wolken, deren Formen einen erinnern an …

Genau so kommt die kreative Hirnhälfte ins Spiel.

Denn da lacht die linke Hirnhälfte und sagt: »Mir ist da was eingefallen!« Und schon kommen einem Ideen, formulieren sich gute Vorsätze und finden sich Lösungen von Fragen, die einen schon lange bewegen.

All das passiert aber nicht einfach so, sondern ist das Resultat einer ziemlich langen Rechenzeit. Denn unser Gehirn ist nicht so schnell, wie wir es gerne hätten. Es braucht seine Zeit, bis es das Für und Wider einer Lösung ausgerechnet hat.

Das kann man an Land übrigens schon mal ein bisschen üben. Wenn man den Denkapparat auf Stand-by schaltet. Nachts zum Beispiel.

Dazu muss man sich nur kurz vor dem Einschlafen die Frage, auf die man eine Antwort braucht, noch einmal in einfachen Worten in Erinnerung rufen (*rechte Hirnhälfte*) – und dann das Licht ausschalten. Im Schlafzimmer und im Kopf. Denn jetzt beginnt die linke Hirnhälfte zu rechnen und wird von der ruhenden Rechten dabei nicht mehr gestört. Am nächsten Morgen dämmert es einem, was der richtige Weg für das in der Nacht durchgerechnete Problem ist.

Unsere Altvorderen nannten das »eine Nacht drüber schlafen«. Keiner wusste, warum das eine Methode war, die funktionierte, aber sie tat es. Heute können wir es aus dem Bereich des »Glaubens« herauslösen und vernünftig erklären. Siehe oben.

Was in der Nacht funktioniert, erweist sich auch in den Ferien als richtig. Vorausgesetzt man hat an Land schon mal »angedacht«, was man an seinem Leben ändern will, wo man neue Schwerpunkte setzen möchte oder worüber man schon lange mal in Ruhe nachdenken wollte.

Die Weite der See und das herrliche Nichtstun an Bord nimmt der rechten Hirnhälfte sodann das »Futter«, lässt sie orientierungslos werden und gestattet stattdessen der linken Hirnhälfte, zu Wort zu kommen. Mit erstaunlichen Ergebnissen.

Allerdings enthebt einen die neue Sicht mancher Dinge nicht, sie an Land später in die Tat umzusetzen. Aber dafür hat sich die rechte Hirnhälfte ja an Bord ausgiebig ausgeruht.

»Öha!«

Wussten Sie, dass viele Seeleute aus küstenfernen Regionen stammen? Experten führen das darauf zurück, dass der »Land-Mann« mit dem Meer »Fernweh« verbinden und es ebendort stillen will.

Der Küstenbewohner hingegen macht schon von klein auf diverse Alltagserfahrungen am Meeresrand, sodass ihm der Respekt vor den Gefahren der unendlich scheinenden Wasserfläche schon in den Kindesbeinen steckt – und er dieser Wasserwüste lieber fernbleibt.

Ob das stimmt oder nicht, kann jedermann selbst in Erfahrung bringen, indem er den deutschen Fahrensmann (*so er ein solches, inzwischen rares Exemplar trifft*) selbst befragt, woher er komme und wieso er die See als Arbeitsstätte gewählt habe. Wundern Sie sich nicht, wenn Sie auf den ersten Teil der Frage »Bayern« hören. (*Sehr weit vom Meer entfernt!*) Deshalb ist dieses Kapitel mit einem Ausdruck bajuwarischen Erstaunens überschrieben.

»Öha!«, ruft der Lederhosenträger nämlich aus,

wenn er wahrhaft überrascht ist, aber dem Ganzen noch einen Hauch Empörung beimischen will. Neudeutsch würde man wohl sagen: »Was geht denn hier ab!«

Und das fragt man sich bisweilen tatsächlich an Bord – und an Land.

Ebendort mühte sich eine betagte Lady am Stock gehend, den Weg vom Schiff zum Sightseeing-Bus zurückzulegen. Als sie es schließlich mit großer Mühe und fremder Hilfe die Stufen hinauf in den Bus gepackt hatte, fragte sie einen frisch pensionierten Herrn, der fit wie ein Turnschuh war und gleich in der ersten Reihe hinter dem Fahrer saß: »Wären Sie vielleicht so lieb und würden für mich aufstehen?«

Darauf der höchst muntere Jung-Rentner: »Ich bin doch nicht blöd. Dann nehmen Sie mir doch den Platz weg.«

Es erübrigt sich, zu erzählen, dass dieser Herr für den Rest der Reise in den Augen aller Mitreisenden einen dicken Stempel auf der Stirn trug: »RÜPEL!« Und so wurde er auch – zu Recht – behandelt.

Nicht immer zeugt das, was man mit anderen Passagieren erlebt, von mangelndem Anstand. Manchmal ist es auch der reine Überfluss, der dem Ausruf »Öha!« einen herzhaften Lacher folgen lässt.

So war auf einem Kreuzfahrtschiff der oberen Kategorie ein russisches Paar an Bord, das dem gängigen

Stereotyp vom neureichen Russen porentief entsprach: Er – von quadratischer Statur, Mitte dreißig – war fortwährend mit seinem Handy beschäftigt. Sie – blond, vollbusig und sehr groß – langweilte sich mit Luxusmagazinen der Hochglanzklasse am Pool. Obwohl sie nur den Hauch eines Bikinis trug, war sie üppig mit Schmuck behängt. Um den Hals trug sie sogar gleich zwei Brillantketten.

Irgendwann erhob sie sich von ihrer Liege, schob die große Sonnenbrille ins strohblonde Haar und schritt auf ihren sehenswert langen Beinen zum Pool. Dort streckte sie für alle gut sichtbar ihren aufwendig pedikürten Fuß ins kalte Nass, um langsam die Stufen in die erfrischende Kühle des Meerwasser-Bassins hinabzugleiten.

Eine ältere Dame beobachtete die junge Frau und sah, dass sie im Begriff war, mit ihrem Geschmeide ins salzige Wasser des Pools zu steigen. Deshalb rief sie ihr zu: »Obacht, Sie haben noch ihren Schmuck an!«

Die blonde Russin blieb stehen, drehte sich zu ihr um und schenkte ihr ein umwerfendes Lächeln. Dann sagte sie mit bemerkenswert tiefer Stimme: »Oh darling, that are only my bathing jewels!«

Auch aus dem angloamerikanischen Kulturkreis dringen bisweilen wunderbare Pointen an das europäische Ohr. So rief ein Amerikaner, der seiner Begleiterin Weltläufigkeit demonstrieren wollte, in einem italienischen Hafencafé dem Ober seine Bestellung für zwei Cappuccino folgendermaßen zu: »Two cup of chino!« (*So was kann man sich nicht ausdenken!*)

Die für die Kabinen zuständigen »Perlen« finden sogar manchmal Dinge, die niemand vermisst. So geschehen bei den morgendlichen Aufräumarbeiten während der Frühstückszeit. Eine junge Österreicherin, die sich ihre Sporen für das heimische Hotelgewerbe in der harten Schule auf See verdiente, putzte das Bad einer Suite, richtete die Handtücher und widmete sich dem Bettenmachen. Dabei fiel ihr auf, dass nur ein Bett benutzt worden war. Sie grinste und dachte sich ihren Teil zu einer kuscheligen Nacht in Zweisamkeit – bis sie einen Schuh unter dem Bett liegen sah. Sie bückte sich, um ihn aufzuheben und zu den anderen Schuhen zu stellen. Doch ging das nicht, weil in dem Schuh noch jemand steckte. Reglos zwar, aber nicht ohne Leben. Also rückte sie das Bett beiseite und rief beim Hotelmanager an, dass er ihr zwei kräftige Kollegen schicke, um das, was in dem Schuh steckte und sich als ausgewachsener Mann erwies, aus der Horizontalen in die Senkrechte zu befördern. Dem Mann war nämlich kein Leid zugestoßen. Höchstens ein bis zwei Flaschen Wodka. Als er die ausgenüchtert hatte, war er wieder ganz der Alte und bedankte sich am nächsten Tag bei der Kabinenperle mit einem großfürstlichen Trinkgeld.

Die junge Frau, die sich natürlich darüber freute,

fragte sich indes, was die Bewohner dieser Kabine wohl für eine Beziehung zueinander haben mussten, wenn sie einfach das Bett *über* ihn schob, nachdem er betrunken zu Boden gegangen war? Aus den Augen, aus dem Sinn? Konnte sie das Elend nicht mehr mit ansehen? Oder stand er einfach drauf, »unten zu liegen«?

Tja, wenn die Kabinenperlen erzählen könnten, was sie so alles in den Kabinen zu sehen bekommen …

Aber das tun sie natürlich nicht.

Was übrigens ein guter Grund ist, ihnen – neben dem »Danke!« für ihre gute Arbeit – ein ordentliches Trinkgeld zu geben.

P

Pax

Das Wort »Pax« bezeichnet alle Passagiere in Flugzeugen und Schiffen und ist international der gängige Name für uns Reisende. Der Ursprung des Wortes, dessen Mehrzahl »Paxe« in manchen Ohren durch den knackigen X-Laut leicht aggressiv klingen mag, ist widersprüchlich.

Die einen sagen, er komme aus der Abkürzungswelt der Luftverkehrsorganisation ICAO (*International Civil Aviation Organization*) und sei eine Kurzform der mit Flugpreisen kalkulierenden Airline-Abteilungen für »Persons approximatly«.

Damit würden wir Reisenden zu »ungefähren Personen« gemacht, als die wir uns aber nun wirklich nicht sehen wollen. Denn jeder von uns ist alles andere als »ungefähr«, sondern sehr konkret und dreidimensional vorhanden.

Sympathischer erscheint der Ursprung, den der Duden vorschlägt. Demnach ist Pax eine Komprimierung aus »Passagier X«. Was zwar auch eine gewisse Beliebigkeit ausdrückt, aber doch immerhin den Platzhalter X für einen möglichen Nachnamen und damit eine gewisse Individualität vorsieht.

Noch sympathischer ist allerdings die Herkunft des Wortes »Pax« aus dem Lateinischen. Dort heißt es »Frieden«. Wobei der nach römischer Auffassung nicht bloß ein Nicht-Krieg war, sondern das Ergebnis eines *Vertrages, Frieden zu halten.*

Und einen Vertrag schließt der Reisende ja auch mit seinem Reisebüro. In der Hoffnung auf friedliche und schöne Ferien.

Personal

Das »Personal« an Bord heißt Crew. Der Begriff kommt aus dem Englischen und bedeutet auf Deutsch: »Besatzung, Mannschaft«.

Dieser Ausdruck ist nicht zufällig aus den Bereichen des Sports und Militärs entlehnt. Denn genau so wird die Crew in Sicherheitsfragen auch geschult: sportlich und militärisch streng.

Um in sicherheitsrelevanten Fragen an Bord (*und außerhalb*) auf alles vorbereitet zu sein, wird jedes Mitglied der Crew – von den Offizieren über den Kochgehilfen und die Shop-Verkäuferin bis zu den Kabinenperlen – beständig geschult.

Es beginnt mit einer Sicherheitsgrundausbildung an Land. Zum Beispiel im »Aus- und Fortbildungszentrum Rostock« (*www.afz-rostock.de*) oder in Hamburgs »Maritimes Competenzcentrum« (*www.ma-co.de*).

Hier ein kleiner Auszug der Erfahrungen, die zur Grundausbildung gehören: Mann-über-Bord-Manöver; Sprung ins Hafenbecken – und zwar bei jedem Wetter (*weshalb die Kurse im Sommer beliebter sind als im Dezember*); das Besteigen von Rettungsinseln im Wasser (*was ohne Übung ziemlich schwierig ist*); Rettungsboote steuern; die genaue Inventarliste für Rettungsboote mit immerhin 50 Artikeln auswendig beherrschen; Feuerlöschszenarien aktiv (*d. h. mit Ausrüstung gegen flammende Brandherde*) einüben (*weil Feuer an Bord die größte Gefahr ist*); Evakuierungen durchführen und vieles mehr. Am Schluss müssen sie mit einem Fallboot aus acht Metern Höhe (*das entspricht ungefähr dem dritten Stock eines Hauses!*) ins Meer stürzen.

Und das sind nur einige Punkte. Es gibt natürlich auch einen theoretischen Teil, in dem die internationalen Seenotrettungsgesetze gebüffelt werden – selbstverständlich auf Englisch.

Haben die angehenden Crew-Mitglieder diesen Basiskurs überstanden (*was für einige eine ziemliche Herausforderung ist und von ihnen meist privat bezahlt werden muss*), werden ihre Kenntnisse mindestens einmal im Monat »aufgefrischt« – in der Praxis.

Nämlich an Bord jenes Schiffes, auf dem sie Dienst tun.

Manch einer von Ihnen hat die Ankündigungen solcher Übungen sicherlich schon einmal via Bordlautsprecher mitbekommen.

Als Passagier sollte man übrigens ein wissenswertes Detail aus den Notfallplänen kennen: Für den Fall, dass ein Gast in einer Notfallsituation hysterisch reagiert, darf die Crew den oder die Betreffende ... *ohrfeigen*, um ihn oder sie wieder auf den Teppich zu holen.

Also: Seien Sie nett zur Crew. Für den Fall, dass Sie mal eine gnädige Hand brauchen!

Pool-izisten

Es gibt unterschiedliche Sorten von Poolnutzern: diejenigen, die Spaß mit dem Meerwasser im obersten Stock haben. Und diejenigen, die den Pool verwalten. Sozusagen die freiberuflichen Bademeister.

Zu denen, die Spaß haben, gehören Kinder, Jugendliche und fröhliche Urlauber. Sie sind dabei laut, spritzen rum und machen Arschbombenwettbewerbe.

Solche Zügellosigkeit stört die freiberuflichen Bademeister. Sie ziehen gemessen ihre Bahnen, betreten spritzarm das Wasser und bewegen sich diszipliniert. Oder mit ihren Worten: »So wie es sich gehört«. Nicht wahr? Jawohl. An ihnen kann sich der Spaß-Bader ein Beispiel nehmen. Könnte er auch – wenn er wollte. Will er aber nicht in seinem Übermut.

In solchen Fällen kann sich der freiberufliche Bademeister auch schon mal zum »Pool-izisten« aufschwingen. Und leitet sodann Maßnahmen gegen die lärmenden Spaß-Bader ein. Am liebsten im Rudel.

Schritt eins: ein mit Blumenbadehauben behelmtes Fregattengeschwader wird zu Wasser gelassen und durchpflügt das hellblaue Nass. Ihre Aufgabe: wie Marinezerstörer die Phalanx der Jux-Bader aufzubrechen und in die springende Meute hineinzukreuzen. Das ist nicht ungefährlich. Doch beziehen die Mitglieder des Fregattenverbandes just aus der Gefahr, angesprungen und versenkt zu werden, die moralische Legitimation, ihre Mundwinkel voll Abscheu über die ungehörige Lust am Übermut bis auf Schulterhöhe abzusenken.

Während sie dieser konzertierten Aktion grimmig folgen, wird Schritt zwei eingeleitet: Am Poolrand nehmen ausgesuchte Meldegänger Kontakt zum Deck-Steward auf und richten seine Aufmerksamkeit auf die Gesichter der Fregatten, die dank ihrer verfinsterten Miene gut sichtbar »not amused« ausschauen.

Darüber kann kein Deck-Steward hinwegsehen,

muss die Jux-Bader deshalb beiseitenehmen und sie zur Mäßigung aufrufen.

Damit ist der Auftrag ausgeführt: Pool beruhigt, Spaß verdorben.

»Käpt'n Blaubär« gehörte zu keiner dieser Gruppen. Er war pensionierter Schiffsingenieur, in manchen Fragen ausgesprochen rabautzig unterwegs, ansonsten aber Freund eines geregelten Tagesablaufs – und vor allen Dingen: Er war einer der Weltreisenden an Bord. Weshalb er mit einem gewissen Verständnis seitens der Schiffsleitung für seine Anliegen rechnen konnte (➤ *Bd.1 »Repeater«*).

Dazu gehörte, dass er täglich – egal, was geschah – um 18.30 seine Runden schwamm. Ob es regnete oder die Sonne schien, ob gerade ein Empfang am Pool war oder andere Passagiere in angeregtem Gespräch (*und für den Abend festlich gewandet*) an der Poolbar standen. All das war dem Mann von der Waterkant »eins«. Er pellte sich aus seinem Bademantel, zeigte seinen keineswegs gestählten Körper, der gewisse Ähnlichkeiten mit der Silhouette einer Seekuh aufwies, und stieg in die Fluten. Behäbig und unerschütterlich.

Sodann genoss er Bahn für Bahn seine ganz persönliche Interpretation von Badespaß – diszipliniert und vergnügt – und nahm so Abend für Abend die Po(o)le-Position ein.

Propeller

Wenn hier die Rede von Propellern ist, so sollen an dieser Stelle nicht die glorreichen Zeiten der Turboprop-Flugzeuge gefeiert werden. Nein, es geht weiterhin um die Planken, die die Welt umrunden. Aber damit sie das tun können, muss sich das Schiff vorwärtsbewegen. Und dafür sorgen … genau: Propeller.

Sie befinden sich am Heck des Schiffes und sind beim klassischen Schiffsbau mehrflügelige Schiffsschrauben, die das Schiff unter Wasser »anschieben«. Die Kraft dazu kommt aus einer gewaltigen Maschine, die auf den untersten Decks installiert ist und über eine lange Achse (*»Welle« genannt*) auf die Propeller übertragen wird. Eine solche Maschine erzeugt tief im Bauch des Schiffes viele Tausend PS, bewegt donnernd gewaltige Zylinder und Pleuelstangen – und lässt dank der Welle das gesamte Schiff (*mehr oder minder*) leise vor sich hin vibrieren. »Swinging Ship-ties« sozusagen.

So weit der klassische Antrieb. Die neueste Kreuzfahrtschiffgeneration fährt jedoch mit einer ganz und gar anders konzipierten Technologie – dem Azipod-Antrieb. Bei ihm gibt es keine alles erschütternde Welle im Bauch des Schiffes – und die Propeller ragen auch nicht starr am Heck aus dem Schiffsrumpf heraus.

Beim Azipod-Antrieb sind die Propeller an beweglichen Kanzeln *unter* dem Schiff angebracht, von der sich jede um 360 Grad drehen lässt.

Geradezu lautlos und annähernd erschütterungsfrei manövrieren und fahren derart ausgestattete Schiffe, weil deren Propeller von Elektromotoren angetrieben werden, die gleich hinter den Propellern in den Kanzeln ihre Arbeit tun! Und weil Elektromotoren ihre Umdrehungsgeschwindigkeit stufenlos erhöhen können, drehen sich auch die Propeller stufenlos schneller. Gepaart mit der Drehbarkeit der Kanzeln um 360 Grad entsteht so die geschmeidige Wendigkeit derart angetriebener Schiffe.

Der Strom für diese Motoren wird fast immer durch mehrere kleine Dieselmotoren erzeugt, an die ein Generator gekoppelt ist. Für den Vortrieb eines Azipod-angetriebenen Schiffes müssen sich also keine riesigen Pleuelstangen und Wellen mehr bewegen, die das Schiff vibrieren lassen. Stattdessen fließt vibrationsfrei geräuschloser Strom durch weiche Kabel.

Dieser (*noch*) relativ neue Antrieb ist (*man ahnt es*) kostenintensiv. Dennoch setzt er sich immer mehr durch.

Welche Antriebsform auch immer »Ihr« Schiff hat: In allen Fällen schrauben sich vielflügelige Propeller durch das Wasser der sieben Weltmeere und bringen

Sie weiter, weiter, immer weiter. Werfen Sie also ab und zu am Heck stehend einen Blick in die sprudelnde Vielfalt der Wellen, die Ihr Schiff aufwirbelt, und danken Sie denjenigen, die man als Passagier allzu leicht vergisst. Wer das ist? Jene, die dafür sorgen, dass die Propeller ihre unermüdliche Arbeit tun können – der »Chief«-Ingenieur und seine Mannen.

Wenn Sie nicht wissen, wer das ist, grämen Sie sich nicht. Das ist (*leider*) völlig normal, weil deren Biotop in den Tiefen des Schiffsbauches liegt und »Fettkeller« genannt wird (➤ »*Eine eigene Welt*«). Dennoch gibt es eine einfache Hilfe herauszufinden, wer der »Chief« an Bord ist: Die Tafel, auf der vom Captain bis zur Hausdame alle wichtigen Positionen an Bord »ein Gesicht bekommen«, hängt in den öffentlichen Räumen des Schiffs und bietet die Möglichkeit, sich ein Bild vom »Chief« und seinem Namen zu machen.

(*Diese Einrichtung gab es übrigens seit vielen Jahren auch an amerikanischen Universitäten in Form eines Buches, damit die Studenten zu den Gesichtern die passenden Namen erfahren und sich gegenseitig kennenlernen konnten. Der Name dieser weit verbreiteten Bücher – die sich später ein gewisser Mark Zuckerberg auslieh – lautete »Facebook«!*)

Auf jeden Fall kann man den »Chief« – dank der Recherche auf der klassischen Tafel – bei der nächsten Begegnung erkennen und ihm seinen Respekt erweisen. Das ist keineswegs als Höflichkeitsfloskel gemeint. Ohne die technische Crew würde sich nämlich kein einziges Rad an Bord drehen, das Schiff würde im Hafen zur »Immobilie«, die Küche könnte kein einziges Gericht kochen und sämtliche Entsorgungsfragen fänden keine Antwort.

Sagen Sie also den Jungs in den weißen Overalls ruhig mal ein »Danke!«, wenn Sie einen von ihnen an Bord sehen. Das freut sie. Denn nur dank dieser Männer kann Ihr Schiff kraftvoll durchs Wasser gleiten – und Sie Ihrem Ziel näher bringen. Wo auch immer das liegen mag.

Queen Mary

Die Queen Mary ist das größte Linienschiff der Welt, das bis zum heutigen Tag mit eleganter Konsequenz den Atlantik kreuzt. Und zwar zwischen dem englischen Southampton und dem »Big Apple« New York. Manchmal erweitert sie ihre Route durch einen Ausflug an die kanadische Küste. Manchmal dampft sie bis nach Hamburg.

Dort wird sie übrigens seit ihrer Jungfernfahrt 2004 von begeisterten Hanseaten am Ufer der Elbe mit Bettlaken und Badetüchern winkend begrüßt und wenig später wieder verabschiedet. Uneingeweihten sei erklärt: Dies ist kein Royalismus (*Hanseaten verspüren solche Regungen nicht*), sondern die Lust an maritimer Nostalgie.

Denn an der Größe der Queen Mary kann die hanseatische Begeisterung nicht liegen. Große Pötte kommen ja mehr als genug in den Hamburger Hafen. Die werden bestenfalls mit heruntergezogenen Mundwinkeln, geschürzter Unterlippe und einem »Ischa man bannich grouss, nech« begrüßt.

Aber bei der Queen Mary erhellt Verklärung die

hanseatischen Züge und die Mundwinkel wandern nach oben, während die wasserblauen Äuglein den schwarzen Rumpf empor zur Reling blicken und das Fernweh aus den Winkeln blinkt.

Nun fragt sich der stille Beobachter, wer aus dem britischen Königshaus eigentlich mit Queen Mary gemeint sein könnte, nach der das Schiff benannt ist. Die Mutter der »Forever-Queen« Elizabeth kann es nicht sein, denn die hieß auch Elizabeth – genauer Elizabeth Bowes-Lyon. Nach der Abdankung ihres Schwagers Edward wurde der zum Herzog von Windsor und Elizabeth an der Seite ihres Gemahls »Bertie« zur »Queen« Elizabeth. Und später zur Queen Mum. Aber da das Schiff nicht »Queen Mum«, sondern »Queen Mary« heißt, kommt sie als Namensgeberin nicht in Betracht.

Davon abgesehen wurde das erste Schiff namens »Queen Mary« – die jetzige trägt ja schon die Nummer 2 im Namen – bereits vor Queen Mums Königinnen-Dasein gebaut – nämlich als Nachfolgerin der MS Mauretania im Jahre 1934. Zu dieser Zeit war George V. die Krone des britischen Empire. Wer könnte also mit Queen Mary gemeint gewesen sein?

Nun, die Erklärung ist so einfach wie unterhaltsam.

Als der Bau des Schiffes so weit fortgeschritten war, dass sich die Reederei der Frage der Namensfindung widmete (*bis zu diesem Zeitpunkt trug das Schiff nur* den Arbeitsnamen »Nr. 534«), entschied man sich dafür, dem alsbald fertiggestellten größten Schiff Britanniens auch den Namen der größten englischen Königin zu geben. Nämlich Queen Victoria. Allerdings brauchte man dazu das Placet des Königshauses.

Also bemühte der amtierende Reederei-Präsident diverse diplomatische Kanäle, um bei King George eingeladen zu werden und ihm das Begehr der Reederei vorzutragen. Der Hof bestimmte dafür die ländlich-rustikale Atmosphäre einer Fasanenjagd als passenden Rahmen, und so durfte Cunards Präsident mit den hochadeligen Verwandten seiner Majestät sowie Ihro George himself gemeinsam auf wehrloses Federvieh anlegen.

Während im Rhythmus der Schrotsalven die Fasanen vom Himmel purzelten, gelang es dem Cunard-Präsidenten King George die Idee vorzutragen, das neue Schiff nach der größten Königin des britischen Empire zu benennen. Noch ehe der Präsident den angedachten Namen aussprechen konnte, ließ Ihre Majestät die Flinte sinken, hob eine Augenbraue und sagte: »Da wird sich meine Frau aber freuen.« Dann drehte er sich wieder dem Geschehen zu und holte krachend das nächste Geflügel vom Himmel.

Zu allem Überfluss ließ die königliche Gemahlin, die als Maria von Teck geboren war und zu diesem Zeitpunkt nicht nur Königin von England, sondern auch noch Kaiserin von Indien war, huldvoll ausrichten, dass sie sich geehrt fühle. Solchen Majestäten widerspricht auch ein Präsident der Cunard-Reederei nicht.

Damals nicht – und heute auch nicht. Denn auch beim anderen Luxusliner der Cunards, der Queen Elizabeth (*DIESES Schiff war nach Queen Mum benannt*), machte die Reederei eine beeindruckende Erfahrung mit den Royals.

Als der Neubau vom Stapel lief, sollte er – in Abgrenzung zum außer Dienst gestellten Vorgängermodell – »Queen Elizabeth 2« getauft werden. Natürlich von der inzwischen regierenden »One-and-only-Queen« Elizabeth II.

Um das Folgende zu verstehen, sei erwähnt, dass es dem Entstehen von Bescheidenheit nicht wirklich hilft, wenn von Neuseeland bis Kanada Millionen Menschen in einem pathetischen Lied von Gott verlangen, dass er besagte Queen »siegreich, glücklich und ruhmreich« mache, ihre »Feinde zerstreue«, deren »schurkische Pläne durchkreuze« und sie »mit erlesensten Gaben zu überschütten geruhe« (*Zitate aus der britischen Nationalhymne*).

So verwundert es nicht, dass ebendiese Queen Elizabeth II. in vollem Bewusstsein ihrer Bedeutsamkeit ganz selbstverständlich das neue Schiff nicht »Queen Elizabeth 2« taufte – sondern »Queen Elizabeth the Second«.

Vielleicht hätte sich jemand trauen sollen, Ihrer Majestät zu erklären, dass mit der Zahl »2« *nicht immer* Ihro Herrlichkeit persönlich gemeint ist. Doch wagte das wohl niemand. Und so zerschellte die von königlicher Hand entfesselte Champagnerflasche am Bug und die Namensgebung war besiegelt.

Der zu diesem Zeitpunkt amtierende Präsident der Cunard-Reederei schluckte daraufhin trocken – wie sein Vorgänger im Gespräch mit King George – und machte gute Miene zu royalem Spiel. Sodann begleitete er die gekrönte Einzigartigkeit des Hauses Windsor nach kurzer Besichtigung des Schiffes und den üblichen Zeremonien zurück zu ihrem Rollsroyce, damit Ihro Gnaden zu den Klängen einer Militärkapelle huldvoll winkend das Weite suchen konnte.

Diese Erfahrungen eingedenk wird jeder amtierende Präsident der Cunard-Reederei immer ein Extra-Taschentuch einstecken, wenn die nächste Schiffstaufe ansteht. Denn irgendetwas werden die Royals mit Sicherheit anstellen, was ihm die Schweißperlen auf die Stirn treiben wird. Und da ist es hilfreich, wenn man adäquat betucht ist.

Reisende

Reisender zu sein gehört zu den schönsten Aufgaben, die man sich stellen kann. Denn einerseits kann und soll man sie nicht aufhalten. Und andererseits sehen sie etwas von der Welt. Vom Wasser aus – diesem genialen Stoff, aus dem das Leben entstanden ist. Und auf dem man sehr zivilisiert reisen kann.

Leider bedarf es bei dieser Form des Reisens auch der nötigen Barschaft. Aber ist es »nur« eine Frage des gebündelten Baren?

Dem Autor begegnete an der Bordbar eines die Welt umrundenden Kreuzfahrtschiffes einst ein Reisender, den bereits in Kindertagen der Funke des Reisens angeflogen hatte – und der sich damals vorgenommen hatte, später einmal fremde Völker kennenzulernen.

»Eingeborene habe ich mir damals meist dunkelhäutig vorgestellt«, erzählte er bei einem gepflegten Single Malt im Stehen. »Egal auf welchen Erdteilen sie eingeboren worden waren. Für mich hatten sie grundsätzlich draußen in der Sonne zu tun. Sie mussten Tieren nachstellen und sie erlegen, ihnen dann

Vorderläufe und Hinterbeine zusammenbinden und mithilfe einer Stange in ihr Dorf schleppen. Dort wurden sie vom Gejohle der Kinder, die erfreulicherweise NICHT in die Schule gehen mussten, begrüßt und übergaben die Beute ihren Frauen. Die widmeten sich der Zubereitung – natürlich am offenen Feuer –, während sich der Eingeborene mit seinen Kumpels auf die faule Haut legte, weil seine Arbeit mit der erfolgreichen Jagd ja getan war.

Wie so ein Ameisenbär vom Grill schmeckte, spielte in meiner Vorstellungswelt damals keine Rolle. Ich aß bei mir daheim einfach das, was auf den Tisch kam. Meistens jedenfalls. So stellte ich mir das auch zu Hause bei den Eingeborenen vor. Nur eben alles draußen.«

Der Forscher war für ihn übrigens im Gegensatz zum Eingeborenen grundsätzlich weiß. So wie er selbst. Er trug meist weiße Leinenanzüge – wie er leider nicht – und war hauptberuflich forschend unterwegs, um den Damen und Herren der feinen Gesellschaft (*andere verreisten damals nicht*) von den Schönheiten der entdeckten Welt zu berichten. Heute würde man diesen Forschertyp wohl Tier- oder Dokumentarfilmer nennen.

Auf jeden Fall hatten Forscher in der Fantasie des Jungen sehr viel von Henry Morton Stanley an sich. »Dieser Mann hat mich damals sehr bewegt«, erzählte der inzwischen zum Senior Gereifte dem Autor an der Bar weiter. »Stanley hat nämlich – als er den verschollen geglaubten schottischen Afrikaforscher David Livingstone nach langer Suche im kongolesischen Urwald endlich gefunden hatte – den göttlichen Satz zu ihm gesagt: ›Dr. Livingstone, I presume!‹

Man muss sich das vorstellen: Da sucht der Mann unter größten Strapazen und dem Einsatz seines Lebens – zumindest aber seiner Gesundheit – einen abhandengekommenen Kollegen im dunkelsten Afrika, findet ihn nach mehr als einem Jahr unter härtesten Bedingungen und stürmt dann *nicht* im Hochgefühl seiner Emotionen auf ihn zu, umarmt und küsst ihn oder schlägt sich im Freudentaumel wenigstens auf die Schenkel. Nein. Nur ein nüchtern-schüchternes ›Dr. Livingstone, I presume!‹.

Als ich das zum ersten Mal gelesen hatte, ahnte ich, was einen Gentleman ausmacht: ein von keinerlei Emotionen gebeutelter, illusionslos-nüchtern denkender Mann. Dennoch wusste ich schon damals, dass ich so niemals werden wollte.«

Das sagte er an der Bar mit einem Temperament, das seine inzwischen 70Plus Lügen strafte.

»So zu leben ist doch absolut langweilig. Nein, ich wollte und will mich bei meinen Reisen begeistern.« Er machte eine Pause, nahm einen herzhaften Schluck und schaute verschmitzt lächelnd in das nunmehr leere Glas.

Dann fuhr er fort: »Manchmal kann das aber auch komische Blüten tragen. Bei meiner ersten Kreuzfahrt kam ich mir beim Ritt auf den Wellen mit dem kleinen Tenderboot jedes Mal so vor wie Christoph Columbus beim Anlegen in der Neuen Welt. Ich fühlte mich wie auf einer Expedition«, lachte er. »Aber als ich einmal nach einem solchen Expeditionsausflug zur Anlegestelle kam und das Tenderboot bereits einen Meter vom Kai entfernt schwimmen sah, hatte ich plötzlich das Gefühl, dass es ohne mich abfahren wollte. Und so machte ich mit dem Mut des Kontinent-Entdeckers – und trotz der hektischen Rufe der Philippinos – einen beherzten Satz und sprang aufs Boot. Stolz auf meine sportliche Leistung blickte ich siegesgewiss den Philippino an, der das Boot steuerte, machte die Becker-Faust und rief: ›Geschafft!‹

Der Philippino aber schaute mich nur an und erwiderte ganz ruhig: ›Sir, es hätte auch gereicht, wenn Sie gewartet hätten, bis wir angelegt haben!‹

Da sah ich erst, dass das Tenderboot völlig leer war. Es *fuhr* nämlich nicht *zum* Schiff, sondern *kam* von dort, um die letzten Nachzügler an Bord zu nehmen.«

Und was können wir heutigen Reisenden daraus lernen?
Zwei Dinge:

1. Abgesehen davon, dass die Pflege der eigenen Begeisterungsfähigkeit jung hält, ist sie es, die eine Reise erst zum Erlebnis macht.

2. Anlegen und Ablegen sind zweierlei. Den Unter-

schied kriegt man heraus, indem man kurz hin-
schaut, in welche Richtung sich das Schiff bewegt.

Schwarze Liste

Jede Reederei hat eine »Schwarze Liste«. Dort sind die Namen all derer verzeichnet, bei denen die Mannschaft rotsieht.

Wie bei dem Herrn, der in seinem früheren Beruf als Steuerfahnder dafür gesorgt hatte, dass niemand seine Steuern »sparen« konnte – obwohl gerade Sparen seine große Leidenschaft war. Auch beim Reisen.

So hatte er ein Bett in einer Zwei-Bett-Kabine gebucht, die zur Doppelbelegung ausgeschrieben war, wollte sie aber mit niemandem teilen. Und damit sie zu einer Einzelkabine wurde, griff er zu einer Maßnahme, die aus der chemischen Kriegsführung entlehnt sein könnte: Er aß bereits zum Frühstück vier rohe Knoblauchzehen, was ihm eine besondere »Aura« verlieh. Bekam er die Knoblauchzehen nicht an Bord – weil die Crew den miesen Zauber irgendwann nicht mehr unterstützen wollte –, besorgte er sich den Stoff auf dem Markt im nächsten Hafen.

Auf diese Weise blieb der Radius seiner Ausdünstungen konstant. Unterstützt wurde das durch die Wahl seiner Garderobe. Sie bestand nämlich aus sage und schreibe zwei Hosen und drei Hemden. Mehr nicht. Für die gesamte Reise. Waren diese Textilien erst einmal durch seine knobulösen Ausdünstungen imprägniert, verstärkten sie seine olfaktorische Präsenz nachhaltig.

Da er Hemden und Hosen grundsätzlich nicht der Wäscherei übergab – so was kostet erstens Geld und nimmt ihnen zweitens ihre »Power« –, konnte er im Restaurantbereich sogar über einen Einzeltisch verfügen. Und auch sonst gingen ihm – verständlicherweise – die anderen Passagiere flugs aus dem Weg.

Einzige Ausnahme war ein Passagier, der bei einem Autounfall die Fähigkeit der Geruchswahrnehmung verloren hatte und der bei seinen Mitreisenden, die davon nichts wussten, nur Kopfschütteln erntete.

Ließ sich die anstehende Reinigung einer der fünf Textilien partout nicht mehr vermeiden, schaute sich der Ex-Steuerfahnder an Bord um, wo an Deck etwas gestrichen wurde. (*Und auf einem gepflegten Schiff wird ständig irgendwo mit Farbe hantiert, um die Angriffe der aggressiven Salzluft abzufedern.*) Fand er eine solche Stelle, streifte er kurz mit dem Ärmel oder dem Hosenbein über die frische Farbe, eilte sodann zur Rezeption und beschwerte sich: Die Reinigung seiner Kleidung müsse ja wohl das Schiff übernehmen, wenn so schlecht darauf hingewiesen werden würde, wo gestrichen wird, dass ahnungslose Passagiere ihre Kleidung derart beschmutzen konnten … und so weiter und so fort.

Als der notorische Wassertrinker (Sparen!) dann an der Rezeption auch noch erklärte, er möge doch bitte demnächst an den »Captain's Table« eingeladen werden (weil er mal wieder einen guten Wein trinken wollte), fiel die Klappe – und sein Name wanderte nicht nur auf die Schwarze Liste (da stand er nämlich schon seit dem dritten Tag an Bord), sondern sein Name wurde durch drei Totenköpfe markiert. Solche, die auch auf gefährlichen Chemikalien prangen und die dafür Sorge trugen, dass er später nie mehr die Planken dieses Schiffes (*oder ein anderes der Reederei*) betreten konnte.

Ein anderer Bewohner der »Schwarzen Liste« führte einen Privatkrieg mit dem Küchenchef.

Er war Clanchef einer Großfamilie, deren Tickets alle von ihm bezahlt worden waren. Deshalb brachte ihm die Reederei aus wirtschaftlichen Erwägungen zunächst ein gewisses Wohlwollen entgegen. Anfänglich! Doch schwächelte dieses in Diplomatie geschulte Verständnis alsbald: Besagter Familienvorsteher bestand nämlich darauf, jeden einzelnen Gang der gesamten Speisenfolge seiner vielköpfigen Familie immer als Erster vorgesetzt zu bekommen, um dann seine Hand darüberzuhalten und an den Schwingungen zu »erkennen«, ob das Essen in Ordnung war. Kribbelte es in seiner Hand, ging der Gang zurück. Kribbelte es nicht, durfte die Mischpoche zu Messer und Gabel greifen.

Und warum das Ganze? Weil der greise Clan-Vorsteher vorgab, als Einziger für die reichlich vorhandenen Lebensmittelunverträglichkeiten seiner Familienmitglieder das richtige Fingerspitzengefühl zu haben.

Nun machte zwar die (auf die Kreuzfahrt eingeladene) Familie gute Miene zu skurrilem Spiel, aber der Schiffskoch, der bei 40 Grad in der lauten, engen und mit Hektik erfüllten Schiffsküche seiner Arbeit nachging, wollte sich nicht als Depp verstanden wissen, der sich solchen Zauber lange gefallen ließ. Und so wurde für die angeblich allergische Schwiegertochter testweise eine Speise zubereitet, die nicht mit dem vom Clanchef extra mitgebrachten Spezialmehl zubereitet worden war.

Der Kellner setzte sie dem greisen Fingerspitzen-Fühler vor – und es kribbelte nichts. Und die Schwiegertochter fiel auch nicht in einen allergischen Schock, sondern mampfte fröhlich diese und viele weitere ohne das Spezialmehl zubereiteten Speisen in sich hinein.

Weitere Tests ergaben bei anderen Familienmitgliedern ähnliche Ergebnisse, während die Fingerspitzen des greisen Oberhauptes rätselhafterweise gerade bei denjenigen Speisen kribbelten, die mit den erwünschten »medizinisch notwendigen« Zutaten zubereitet worden waren.

Außenstehende folgerten daraus, dass die Ursache für das Kribbeln in den feinfühligen Fingern des »Familien-Schamanen« eine altersbedingte Durchblutungsstörung gewesen sein könnte – und dass er mitsamt seiner vielköpfigen Familie einen Platz auf der Schwarzen Liste verdiente.

Womit klar ist, was die Schwarze Liste wirklich ist: Der Pferch der schwarzen Schafe, die man gerne *auf anderen Schiffen zur See* fahren lässt.

Seetag –
oder der Genuss der Langsamkeit

Der Seetag ist gefürchtet. Von Kreuzfahrthassern. Weil das der Tag ist, an dem sie von ihren Ängsten schwadronieren können, das Schiff nicht nach Belieben verlassen zu können.

Verreisen solche Zeitgenossen eigentlich grundsätzlich nur dorthin, wo sie zu jeder Sekunde des Tages die Tür öffnen können, um woandershin zu gehen? Und wenn »Ja!«, stellt sich die Frage, warum sie einen Ort aufsuchen, dessen Vorteil darin besteht, ihn jederzeit verlassen zu können? Wollen sie jetzt dort sein … oder ganz woanders?

Schwamm drüber! Mit Salzwasser.

Vom Cruiser wird der Seetag geliebt. Ist er doch die Realität gewordene Lust an der Langsamkeit. Deren

Qualität hat er nicht nur längst entdeckt, nein, er hat sie vor allem tief in sein Herz geschlossen. Und so verbringt er diesen Tag auch.

Während das schneeweiße Kreuzfahrtschiff mit behäbigen 16 Knoten (ca. 30 km/h) bei strahlendem Sonnenschein über dunkelblaue See dahindampft, gibt er sich dem gemächlichen Rhythmus des Lebens an Bord hin. So wie sein Schiff zuverlässig seine Seemeilen zurücklegt, dreht der Seetagsfreund seine Runden auf dem Promenadendeck. Dabei lässt er die Beharrlichkeit, mit dem sein Schiff das tiefblaue Wasser pflügt, Eingang in den Rhythmus seiner Schritte finden.

Weiter. Weiter. Immer weiter tragen sie ihn.

Bis der Cruiser nicht mehr an die Planken unter seinen Füßen denkt. Nicht mehr an die Mitreisenden, denen er ausweichen muss. Nicht mehr der Beobachtung seine Aufmerksamkeit schenkt, auf dem Weg vom Heck zum Bug schneller als das Schiff zu sein und vom Bug zum Heck langsamer. Er folgt einfach nur den immer gleichen Bewegungen seiner Beine.

Nach einer Weile gehen sie ohne ihn.

Dann gehen sie ihn.

Sein Blick schweift dabei über das weite Meer.

Und sein Geist schweift hinterher.

Wird leer und leerer …

nimmt die monotone Bewegung seiner Beine nicht mehr wahr …

lässt beide einfach laufen …

atmet die salzige Seeluft …

fühlt die Frische auf der Haut …

die warmen Sonnenstrahlen …

und läuft und läuft …

ohne Gefühl für Raum und Zeit …

einfach weiter …

… bis sich in der Leere der Zeit etwas schemenhaft meldet, zu etwas Bekanntem verdichtet, etwas Frischem, Kühlem, Angenehmem: dem Wunsch nach einem kalten, frischen Bier. Warum auch nicht? Er muss ja nicht mehr fahren!

So tragen ihn seine Beine an die Achterdeckbar, wo er erst beim Hinsetzen erste Anzeichen eines Muskelkaters spürt, auf die Uhr schaut und staunt, wie lange er gelaufen ist.

»Hab ich gar nicht gemerkt«, sagt er sich und zischt das Bier, das ein freundlicher Philippino vor ihn hingestellt hat – gelb, mit weißer Krone in beschlagenem Glas.

Erfrischt geht er sodann zum Duschen und hernach zu einem Vortrag. Denn jeder Seetag ist auch immer Hörtag. Erheben doch die Bord-Lektoren an diesen Tagen ihre Stimme, um ihren Zuhörern Erhellendes über den weiteren Verlauf der Reise, Wissenswertes über die bevorstehenden Länder und Bedenkenswertes zu deren Kultur mitzugeben.

Vielleicht steht auch noch eine Küchenführung auf dem Tagesprogramm oder eine nautische Fragestunde beim Kapitän, bei der man erfährt, wie der Kapitän den Kurs halten lässt, wie groß das Steuerrad an Bord ist (*nämlich in der Größe eines Joysticks*) und wie er die Höhe der Wellen berechnet (➤ »*Kapitän*«).

Danach folgt der Cruiser vielleicht noch dem verlockenden Ruf der Sauna, damit er sich der Fantasie hingeben kann, beim abendlichen Gala-Menü das Wort »Kalorien« französisch interpretieren zu können – nämlich als »kilo rien«.

Und so schwitzt er finnisch auf heißem Lattenrost mit Blick aufs weite Blau der See und freut sich auf ein kleines post-saunatisches Nickerchen, bei dem er dem lieben Gott ein Stündchen Träume stehlen kann.

Wenig später bringt er auf dem Achterdeck ein kubanisches Rauchopfer in Form einer gepflegten Havanna dar. Dazu lässt er sich einen milden guatemaltekischen Rum auf der Zunge zergehen, wissend, dass seine Angetraute wohlig der Sonnenanbetung huldigt (➤ »*Sonnenanbetung*«). Dermaßen bewegt, informiert, gereinigt und erholt denkt er bei sich: »Poseidon sei's gesungen: Dein Seetag ist mein Tag!«

(Wer an solchen Tagen auch noch ein wenig sein Glück trainieren will, findet auf Seite 279 Anleitungen »Zum Glück«, die sich auf Forschungsergebnisse der Glücksforschung stützen.)

Sonne

Die wichtigste Zutat eines Urlaubs auf See ist meist gratis.

Meist?

Ja. Wenn sie nicht gerade hinter einer Wolkendecke verschwunden ist: die Sonne.

»Sonne und Meer« hat schon den Hamburger Reeder Albert Ballin, den Vater aller Kreuzfahrten, von Grund auf interessiert, weshalb er die Kreuzfahrten »erfand«. Denn die sollten dort stattfinden, wo schönes Wetter ist. Als Alternative zur Linienschifffahrt, die damals bestimmte Routen fahren *musste*! Und zwar bei jedem Wetter.

Ihn bewegte noch eine weitere Entwicklung zu seiner »Erfindung«: Die großen Auswanderungswellen waren vorüber, die früher dafür gesorgt hatten, dass seine Schiffe auf der Transatlantikroute überaus voll waren. Deshalb suchte Albert Ballin Ende des 19. Jahrhunderts nach einem Weg, die Transportkapazität seiner Schiffe nicht brachliegen zu lassen, und hatte eine ebenso geniale wie einfache Idee: Wenn das Wetter auf den festgelegten Linien zu stürmisch war, dann konnte er doch einfach die Routen ändern – und dahin fahren, wo das Wetter gut war. Da wollten die Auswanderer zwar nicht hin, aber die wurden ja sowieso immer weniger. Und so bot er wohlhabenden Reisenden eine einzigartige Möglichkeit: Er schenkte ihnen die Perspektive, die Welt von ihrer schönsten (*sprich: sonnigen*) Seite zu erleben. Live und in Farbe.

Kreuzfahrten und schönes Wetter gehören seitdem zusammen. Und so sehen auch die klassischen Routen aus.

Im europäischen Sommer tummelt sich die weiße Flotte im Bereich von Nordatlantik und Nordsee – also zwischen Grönland, Spitzbergen und der Ostsee. Ganz Verwegene trauen sich sogar in die Nordostpassage vor – aber da fahren eher wissenschaftlich oder am Abenteuer Interessierte mit und weniger die Sonnenanbeter. Denn gerade dann, wenn in unseren Breitengraden die Sonne brezelwarm ist, halten sich die Nordostpassagiere nördlich von Sibirien auf. Deshalb wird diese Reise auch nur von Expeditionsschiffen angeboten – die am besten höchste Eisklasse haben sollten. Sicherheitshalber!

Im europäischen Spätsommer bis Herbst begibt sich dann die Vergnügungsarmada ins Mittelmeer – manche ins Schwarze Meer –, von wo die eine Hälfte im Herbst über den Atlantik zum Indian Summer nach Nordamerika schippert, während die andere im Spätherbst oder Frühwinter zu einer Weltreise durch den Suezkanal aufbricht.

Wenig später nimmt das Unterhaltungsgeschwader der *amerikanischen* Schiffe Kurs auf die Karibik, wo sie die Weihnachtsfeiertage und den Jahreswechsel begehen. *Europäische Schiffe* zieht es derweil südwärts in Richtung des antarktischen Sommers (*Dezember bis Februar*), von wo sie im Anschluss die südamerikanische Westküste hinaufdampfen, um danach Richtung Südsee weiterzuschippern und dort den europäischen Spätwinter in strahlendem Sonnenschein zu verbringen. Danach treiben sie sich ein bisschen in Asien herum – gemeinsam mit der Kreuzfahrtflotte, die die entgegengesetzte Route über Suezkanal, Indien, Sri Lanka, Thailand und Vietnam genommen hatte.

Danach geht's gen Westen, wobei die einen gleich südwärts nach Südafrika fahren, die anderen nordwärts und mit militärischer Bewachung vor Piraten im Golf von Aden dem Suezkanal entgegenstreben – und dem europäischen Frühling.

Kurzum: Wo die Sonne auf den »Sieben Weltmeeren« scheint, sind Cruiseships nicht weit.

Nun gibt es – wie immer auf unserer schönen Welt – auch hierbei Ausnahmen. Nicht nur was die Routen betrifft – schließlich achten die Reedereien darauf, sich nicht allzu viel Konkurrenz zu machen –, sondern auch was den Zeitpunkt betrifft (➤ *»Beste Reisezeit«*). Denn unsere Welt ist nicht nur schön, sondern auch weit.

Zum Beispiel auf dem Amazonas. Der ist zwar ein Fluss – allerdings ein sehr großer, weshalb man schon an das für Kreuzfahrtschiffe äußerste Ende fahren muss, nämlich ins peruanische Iquitos, um den Fluss als solchen anhand von beiden Ufern zu erkennen. Fährt man dann flussabwärts, sieht man alsbald nur noch ein Ufer und später gar keins mehr.

Den Amazonas so zu erleben geht aber nur, wenn er genügend Wasser führt. Also am Ende der Regenzeit. Da ist nämlich so viel Wasser vom Himmel gefallen, dass nicht nur der Fluss genügend davon hat, sondern gleich die ganze Region auf einer Fläche so groß wie Europa kniehoch unter Wasser steht. Ein Wasserstand, der sehr wichtig für unser aller Klima ist.

Falls es während einer solchen Amazonas-Tour noch mal den einen oder anderen Regentag geben sollte, dann ist selbst das eine grandiose Erfahrung. So spürt nämlich der zivilisationsverwöhnte Europäer die Leben spendende Kraft des Wassers, das uns zum blauen Planeten macht. Und er kann erkennen, wie alles wuchert und wächst. Wild, vital und wahnsinnig lebendig.

Wenn es nicht regnet (was die meiste Zeit der Fall ist), sieht man die grandiosesten, gigantischsten und spektakulärsten Wolkenformationen am Firmament, die man sich vorstellen kann. Eine Szenerie, die zu Recht die Bezeichnung »Naturschauspiel« verdient.

Und dieses Licht!!!! Da taucht Gottfried Keller aus dem Deutschunterricht auf: »Trinkt, oh Augen, was die Wimper hält, von dem goldnen Überfluss der Welt.«

So isses. Und hoffentlich bleibt's auch so.

Aber das ist keineswegs gewiss – wenn Sie mir diesen kleinen Abstecher gestatten: Denn in dieser für unser aller Leben so wichtigen Region wird die Abholzung des Regenwaldes mit unvermindertem Tempo weiterbetrieben. Und könnte uns alle das Leben kosten. Auch wenn es sich viele nicht vorstellen können.

Aber wenn man sich einmal in Erinnerung ruft, was wir uns seit Mitte der Achtzigerjahre (*was ja gar nicht mal soooo lange her ist*) alles *nicht* vorstellen konnten, was dann in den folgenden Jahrzehnten trotzdem eingetreten ist, dann kommt man doch ins Grübeln: zum Beispiel die Tatsache, dass sich der Kommunismus freiwillig verabschiedet hat; dass sich der vermeintlich unfehlbare Vatikan entschuldigt hat; dass das Schweizer Bankgeheimnis geknackt wurde; dass Großbritannien »aus Versehen« aus der EU austrat; dass sich Saudi-Arabien Geld leihen muss – und wer weiß, was noch alles kommt. Vieles war unvorstellbar und ist dennoch Realität geworden – wie der Klimawandel.

Deshalb *muss* die Welt die Regenwaldabholzung in Brasilien stoppen. Eine Einsicht, zu der man nicht erst kommt, wenn man den Amazonas bereist hat – obwohl das hilft. Dennoch: Das ist kein politisches Thema, sondern eine schlichte Frage des Überlebenswillens. *Darauf* muss sich die Weltgemeinschaft konzentrieren! Nicht auf Religionsfragen und wie manche Nationen noch reicher oder mächtiger werden.

Aber zurück zur Sonne. Eine andere Gegend, in der Sonnenschein das menschliche Herz bezaubern kann, ist die Antarktis (*Bd. 1* ➤ *»Antarktis«*). Der antarktische Sommer, der in unserem Dezember bis Februar stattfindet, kann so fantastisch sonnig ausfallen, dass man sich in einer alpinen Welt wähnt, deren Täler in dunkelgrüner See versunken sind, während die Spitzen ihrer Berge als strahlend weiße Gipfel von ewigem Schnee gekrönt unter tief dunkelblauem Himmel gleißen, dass es eine Freude ist. Der sechste Kontinent kann sich aber auch von seiner nebulös-trüben Seite zeigen, die man bekanntlich nicht so sehr schätzt, wenn man im Urlaub ist (*so viel Ehrlichkeit muss sein*). Doch ist das immer das Risiko auf »Expeditionsschiffen«, wenn sie seltene Ziele ansteuern.

Aber (*siehe oben*) was ist auf unserem Planeten schon »sicher«? Eine Frage, die die Ursache dafür sein kann – so orakeln Touristikpsychologen –, dass in Zukunft viele Menschen ihren Urlaub ganz auf dem Meer verbringen werden. Mit so wenig Festlandskontakt wie möglich. Wenn man dann auch noch die sich überall ausbreitenden Krisengebiete auf der Welt in Betracht zieht, könnte eine solche Trend-Prognose durchaus realistisch sein.

Ob es stimmt oder nicht, werden wir erleben. Zumindest wären für diesen Tourismus-Trend die großen amerikanischen Vergnügungsdampfer der Oasis-Klasse mit ihrem Las-Vegas-artigen Bordprogramm schon heute perfekt vorbereitet.

Sonnenanbetung

An vielen Orten der Welt wird der Sonnenanbetung gehuldigt. Das geschieht besonders gern dort, wo die für diese schweißtreibende Tätigkeit notwendige Kühlflüssigkeit in Reichweite ist. Deshalb sind Seen, Meeresstrände und natürlich auch der Pool auf Schiffen dafür gern aufgesuchte Orte.

Das Angenehme an dieser Beschäftigung – so die Sonnenanbeter – sei das wohlige Gefühl der Wärme auf der Haut. Diese Erfahrung erleben gerade Bewohner nördlicher Regionen des Erdballs eher selten, weshalb sie sich sofort und gerne niederlegen, sobald sich die Sonne am Firmament zeigt.

Nun lassen sich zwar vom Erdmännchen bis zur Löwin auch Vertreter der Tierwelt die Sonne gerne hin und wieder auf den Pelz scheinen, doch unterscheidet sie vom Menschen, dass sie genau das haben – einen Pelz. Gut, auch der Homo sapiens verfügt an zwei Stellen über ihn, aber der kleinere Teil wird an Bord nicht öffentlich gezeigt und der größere Teil ist nicht groß genug, als dass er für den gesamten Körper hinreichend Schutz vor der Sonne bieten könnte.

Erschwerend kommt hinzu, dass nur die weiblichen Vertreter der Spezies Mensch über viel Pelz an ihrem oberen Ende verfügen. Bei den Männchen fällt er eher spärlich aus. Entweder weil der Pelz in der Hoffnung auf eine besonders virile Erscheinung freiwillig geschoren wurde oder weil der Pelzbesatz zuerst seinen Halt in der Kopfhaut verloren hat und dann den Gesetzen der Schwerkraft folgend in alle Winde und Waschbecken verstreut ward.

Doch kompensieren seit einiger Zeit männliche Vertreter den Haarmangel auf dem Haupt durch einen üppig wuchernden Pelzbesatz um Kinn und Mund herum. Das steigert ihren Auftritt zwar in fundamentalistisch-biblischer Weise, hat aber keinerlei Sonnenschutzwirkung *auf* ihrem Kopf. Deshalb ist das komplexe Organ des männlichen Homo sapiens – sein Hirn – leicht der dörrenden Wirkung intensiver Sonneneinstrahlung ausgesetzt.

Wer daraus Schlüsse auf die störungsfreie Hirntätigkeit barhäuptiger Vertreter des Menschen zieht, redet geschlechtsspezifischen Verallgemeinerungen das Wort. Das ist nicht schlimm, aber unsachlich. Immerhin hat ein männliches Hirn etwas hervorgebracht, das die Haardiaspora des menschlichen Körpers ausgleicht. Nämlich einen flüssigen Pelzersatz namens »Sonnencreme mit Lichtschutzfaktor«. Eine

Substanz, die den Schutz durch Ganzkörperbehaarung unnötig macht. Und den Vorteil hat, nicht zu fuseln! Allerdings zieht der so Gesalbte leicht Schlieren auf der Wasseroberfläche hinter sich her, weshalb der Röstwillige das Wasser nur aufsuchen sollte, nachdem seine Sonnenschutz-Marinade porentief eingetrocknet ist. Ökologisch motivierte Bratwillige meiden das Wasser sogar ganz und ziehen es vor, wasserfern das Bratgut nur von Zeit zu Zeit zu wenden.

Neben dem erwähnten Gefühl eines trägen Wohlseins durch die solare Wärmeeinwirkung konnten Forscher noch einen weiteren Faktor ausmachen, der den Homo sapiens veranlasst, sich dieser sinnfreien Tätigkeit inbrünstig hinzugeben. Es ist die Möglichkeit, zu diesem Zweck Fernreisen zu unternehmen.

Das Erstaunliche daran ist zweierlei: Erstens strapaziert das Sich-weit-Entfernen von seinem Bau die ökonomischen Mittel des Homo sapiens. Doch je leichter er mit diesen wirtschaftlichen Herausforderungen fertigzuwerden vorgibt, umso höher steigt er im Ansehen seiner Gemeinschaft.

Zweitens hält ihn das nicht davon ab, an den von seinem heimatlichen Revier weit abgelegenen Plätzen dennoch heftige Revierkämpfe auszutragen. In ihnen geht es meist um die Sicherung derjenigen Liege-Vorrichtung, auf der die Weibchen ihre Sonnenanbetung vollziehen (➤ »Individualdistanz«).

Da diese Revierkämpfe mit großem Ernst geführt

werden, nehmen Forscher an, dass die Bräunung für die Spezies »Mensch« eminent wichtig ist. Vielleicht – orakeln einige – handelt es sich dabei sogar um ein bisher noch nicht erforschtes, biologisch unverzichtbares Detail bei der Fortpflanzung. Denn bei den Männchen ist die Krustenbildung der Weibchen hoch im Kurs. Als Begründung geben diese an, die Weibchen sähen damit »attraktiver« und »appetitlicher« aus.

Der Mensch gehört zwar biologisch gesehen zu den »Omnivoren« – also zu den Allesfressern –, doch hat man nur bei sehr abgelegen lebenden Stämmen von gegenseitigem Verzehr gehört.

Wenn also die Männchen, die ihre freie Zeit gern damit verbringen, auf der heimatlichen Feuerstelle zu grillen, den Begriff »appetitlich« verwenden, so muss das im übertragenen Sinne verstanden werden. Wäre es nicht so, müsste man den Weibchen vom Bräunen dringend und nachhaltig abraten. Schon allein der Arterhaltung wegen. Da aber auch besonders dünne Weibchen im gebräunten Zustand als sehr »appetitlich« gelten, ist ein kulinarisches Motiv prinzipiell auszuschließen. An ihnen ist einfach nicht genug dran, als dass ein ausgewachsenes Männchen davon satt werden könnte.

Wer aus dem bisher Gesagten nun folgert, dass der braunste Vertreter der Gattung »Mensch« in deren Wertesystem die oberste Position einnimmt, irrt. Es gibt nämlich Vertreter dieser Spezies, deren Grundfarbe von Geburt an ein so tiefes Dunkelbraun ist, das die Vertreter der milchig hellen Rasse niemals erreichen könnten – selbst wenn sie sich ein ganzes Jahr in der Sonne aufhielten. Paradoxerweise werden die Tiefdunkelbraunen aber von den Milchig-Weißen keineswegs ob ihrer tiefdunklen Farbe verehrt. Ja, es ist streckenweise sogar das Gegenteil der Fall.

Forscher nehmen deshalb an, dass es nicht der dunkle Röstton an sich ist, der beim Homo sapiens so hoch im Kurs steht, sondern die damit verbundene *Arbeit*, um die knusprige Röstung durch langwierige Sonnenlicht-Exposition herzustellen.

Letztlich kann man aber zu diesem Themenbereich nur eins sagen: Die Forschung steht vor einem Rätsel über dieses merkwürdige Treiben des »Homo sapiens touristiensis«.

Souvenir

Das Souvenir ist ein Gegenstand mit magischem Auftrag. Es soll durch seine physische Gestalt eine Erinnerung wachrufen – an einen Ort, eine Begegnung, ein erlebtes Gefühl, eine Stimmung.

Bei so viel meta-physischem Gehalt in einer physischen Gestalt ist es verwunderlich, dass sich viele Reisende mit industriell gefertigten Gegenständen aus Kunststoff zufriedengeben.

Sicher: Eine bunte Sammlung von Kühlschrank-Magneten kann in der Küche durchaus Fernweh aufkommen lassen. Doch beherbergt der einzelne Magnet nicht die Aura des Ortes, den er widerzuspiegeln vorgibt – zumal alle aus ein und derselben Fabrik im Reich der Mitte stammen (*mehr oder minder*).

Gut, Kühlschrank-Magnete sind zumindest diskret und entfalten ihren Charme nur bei der heimischen Speisenzubereitung. T-Shirts und Baseball-Kappen hingegen schreien laut und deutlich heraus, dass ihr Besitzer schon auf den Fidschi-Inseln war, in Saigon das »Hard Rock Cafe« besucht hat und der Meinung ist, nichts sei so »loco« wie »Buenos Aires«. Der wahre Sinn solcher Trophäen ist also der Präsenznachweis: »Seht her, hier war ich schon!«

Nun ist ein bisschen Angeberei natürlich kein Verbrechen. Höchstens aufdringlich. Aber den eigentlichen Sinn solcher Objekte, die mit dem französischen Wort für »Erinnerung« bezeichnet werden, strahlen solche Mitbringsel nicht aus. Wobei der Preis, den sie gekostet haben, dabei nicht ausschlaggebend ist, sondern die Geschichte, die Sie damit verbinden.

Wie das Schmuckstück im Stile präkolumbianischer Amulette etwa, das Sie sich in der herrlichen Altstadt von Cartagena de Indias gekauft haben. Jedes

Mal, wenn Sie es anlegen, erinnern Sie sich an den Moment, an dem Sie es in der kleinen Gasse bei der Kathedrale sahen und die alte Frau so herrlich verschmitzt lachte, als sie es aus ihrer Ablage nahm und Ihnen daraufhin eine kleine Geschichte über die Fertigung dieses Stückes erzählt hatte.

Oder der in Speckstein geschnittene Stempel aus Singapurs Chinatown. Er ruft bei jedem Stempeldruck den Besuch bei seinem Graveur wach und erinnert Sie an die Mühe, die sich der schlitzohrige Chinamann gegeben hatte, ein chinesisches Schrift-Äquivalent für Ihren deutschen Vornamen zu finden.

Oder die CD mit kubanischem »Son« aus der »Casa del la Trova« gleich hinter Santiagos Hotel »Casagrande«. Die hatten Sie dem greisen Kontrabassisten abgekauft, woraufhin der Sie auf anrührende Weise angelächelt hatte, ohne seine Zigarre aus dem Mund zu nehmen. Seine Musik lässt seitdem bei Ihnen das Lebensgefühl Kubas auch im heimatlichen Regenwetter erstehen und ruft umgehend nach einem Mojito. Musik-CDs sind überhaupt ein ziemlich gutes Souvenir – wenn man die Musikanten vor Ort spielen hörte und einen fröhlichen Abend oder dergleichen mit ihnen verbindet.

Auf diese Verbindung kommt es nämlich an. Souvenirs sollen das Erlebte im heimischen Hinterstübchen wieder in Erinnerung rufen und uns davontragen – in ferne Gestade.

Soll ein Souvenir diesen Anspruch einlösen, muss man deshalb vorher zweierlei beim Besuch der Orte in sie »investieren«:

1. Die Begegnung mit der Stadt intensiv erleben! Ob im Reisebus oder »per pedes« als Individualentdecker. In jedem Fall sollte Begeisterung für Ort, Land und Leute im Spiel sein (➤ »*Reisende*«).

2. Bei der Wahl des Objektes, dass den Spirit des Erlebten mit nach Hause bringen soll, Mut zur Subjektivität entfalten!

Nur Sie wissen am Ende, was Sie mit dem Zuckertütchen verbindet, das Sie aus der Kaffeebar »Tazza d'Oro« nahe Roms Pantheon mitgenommen haben.

Nur Sie wissen, warum Sie die minoische Skulptur aus dem Archäologischen Museum in Heraklion so fasziniert hat, dass Sie die kleine Nachbildung im Museumsshop gekauft haben.

Und nur Sie erinnern sich an die Gründe, warum Sie sich den Kaffeebecher in dem koreanischen Deli »Bread & Butter« auf New Yorks Park Avenue South gekauft haben, wo Sie jeden Morgen gefrühstückt hatten, nachdem Sie mit der Queen Mary im Big Apple angekommen waren.

Und nur Sie brauchen es auch zu wissen. Denn das echte Souvenir ist nur für Sie da. Für die anderen gibt's die »Seht her, hier war ich schon«-Objekte.

Deshalb: Nur Mut zur ultimativen Subjektivität! Und damit zu *Ihrem* Geschmack.

Sie sollten allerdings nicht so weit gehen wie ein österreichischer Passagier, der auf einer Alaska-Kreuzfahrt das perfekte Souvenir für seinen 80-jährigen Vater gefunden und in seinem Koffer sorgsam verpackt hatte. Um was es sich dabei handelte, kam erst heraus, als er den Koffer in Wien beim »Lost & Found«-Schalter als vermisst meldete. Als die Dame der Airline ihn nämlich fragte, woran man den Koffer denn erkennen könne, falls der Airline-Tag abgerissen sein sollte, kam er auf das Souvenir zu sprechen, das er dort drinnen in seine Hemden sorgsam eingewickelt hatte: einen selbst gefangenen Lachs. Nicht tiefgefroren – sondern »frisch«.

Merke: Subjektive Begeisterung für ein Souvenir sollte nicht die Transportbedingungen für die Heimreise außer Acht lassen. (*Und selbstverständlich auch nicht die Artenschutzregeln missachten.*)

Im selben Spirit, wie Sie Ihre Souvenirs aussuchen, sollten Sie auch fotografieren: Lichten Sie nicht ab, was »man« gesehen haben muss, sondern das, was Sie sehen, was Sie bewegt und Ihr Herz berührt. Das sind die Bilder, die Sie sich später gerne wieder angucken. Und die auch richtig gut werden – weil Sie sich ganz automatisch dafür Zeit und Muße nehmen.

Sparen

Dieses Kapitel will nicht der ängstlichen Haltung des Geizes Vorschub leisten (➤ *»Schwarze Liste«*), sondern versucht allen zu helfen, die nicht Millionen auf dem Konto haben (*also der überwältigenden Mehrheit von uns allen*), ihre wirtschaftlichen Ressourcen sinnvoll einzusetzen.

Das ist umso nötiger, alldieweil einen an Bord schnell eine erfreuliche Lässigkeit befällt, alle fünfe grade sein zu lassen. Das zeugt von Entspannung und der richtigen Urlaubserholung, beutelt aber oft das

Budget. Deshalb der Tipp: Noch an Land im Voraus Kosten senken, dann tauchen an Bord weniger davon aus dem Nichts auf. (*Ein paar kommen trotzdem immer hinzu! Da kann man machen, was man will.*)

Hier ein paar konkrete Anregungen, wie man die einen oder anderen Kosten im Zaum halten kann.

Kabine: Überlegen Sie sich gut, wie Sie Ihre Kabine nutzen wollen. Wenn Sie in warme Gegenden fahren, in denen Sie sich ohnehin viel im Freien aufhalten wollen, könnte auch eine kostengünstige Innenkabine reichen. Bei Fahrten zum Nordkap ist sie sogar die Kabine der Wahl. Denn während draußen die ganze Nacht über die Sonne scheint, ist's in der Innenkabine dunkel – und man schläft besser.

Weltreisende hingegen sollten keine zu kleine Kabine wählen (*schon gar nicht innen*), denn irgendwann dient sie als Rückzugsort vom Bord-Geschehen (*jeder braucht Privatsphäre*) und dann sollte der Rückzugsort nicht den Eindruck von Enge machen. (➤ »*Kabinentür*«)

Package Booking: Kaufen Sie im Voraus das Getränkepaket, damit Sie nicht jeden Wein an Bord separat bezahlen müssen. Manche Pakete schließen Alkohol, Softdrinks und Espresso mit ein. Meist ist auch Internet-Zeit im Pre-Booking deutlich billiger, als wenn man sie nachträglich an Bord kauft. Wenn Sie wissen, dass Sie sich im SPA gerne verwöhnen lassen, kaufen Sie das Wellness-Paket im Voraus. All das entspannt die Reisekasse an Bord deutlich.

Ausflüge: Trauen Sie sich mehr zu und marschieren Sie in Eigeninitiative an Land. Organisierte Landausflüge sind manchmal teuer. Selbstentdecktes kann dagegen viel größeren Erinnerungswert besitzen als Vorgekautes. Sich irgendwohin setzen und Leuten einfach beim Leben zuschauen kostet höchstens den Kaffee, den Sie dabei verzehren. Ansonsten »it's free«. (➤ »*Landausflug*«)

Lücken nutzen: Wenn Sie ein Hafen wider Erwarten nicht so brennend interessieren sollte, gehen Sie an diesem Tag ins SPA. Dort gibt's gerade an Hafentagen oftmals Sonderangebote, weil das SPA zu solchen Zeiten leer ist. Im Gegensatz zu Seetagen. Da wollen sich alle verwöhnen lassen. Und am Nachmittag vor dem Captain's Dinner herrscht beim Friseur Ausnahmezustand. Also: vorher erledigen, was vorher getan werden kann. Ansonsten: rechtzeitig Termine machen!

Tagesprogramm: Generell gilt: Lesen Sie in jedem Fall das Tagesprogramm aufmerksam. Da werden meist besondere Preisaktionen angekündigt.

Kontrolle: Zeichnen Sie jede extra zu bezahlende Leistung ab, wenn Ihnen der Kellner oder Keeper den Beleg vorlegt. UND: Heben Sie Ihren Teil des Beleges für den »Tag der Abrechnung« auf. Das hilft den Überblick zu bewahren und dämpft das eventuell aufkommende Gefühl, ausgenommen worden zu sein. Denn wo Ihre Unterschrift drauf-steht, lief zum angegebenen Zeitpunkt auch das entsprechende Getränk in Sie hinein! Und muss am Ende beglichen werden.

Zum Thema »Sparen« noch ein wichtiger Hinweis: Wirtschaftliche Ressourcen verantwortungsvoll ein-zusetzen und notfalls durch die oben genannten Maß-nahmen zu optimieren soll Sie e n t s p a n n e n – nicht zum Sklaven eines Sparzwangs machen.

Das hatte ein Passagier nicht so richtig verstanden. Er fragte nämlich bei Tisch seine Mitesser bang: »Wenn wir bei dieser Reise gen Osten jeden Tag die Uhr eine Stunde vorstellen müssen, dann fällt doch irgendwann eine Mahlzeit aus. Oder?«

»Nicht nur das,« erwiderte ein erfahrener Mitrei-sender, der den um seine Mahlzeit Besorgten noch ein bisschen reizen wollte. »In der Südsee verliert man bei Überschreitung der Datumsgrenze sogar einen gan-zen Tag!« (➤ *»Datumsgrenze«*)

Das ließ den Unterkiefer des sparsamen Reisenden herunterklappen, was während des Essens nicht be-sonders attraktiv aussah, und stürzte ihn sodann in nachhaltiges Grübeln. Als er sich davon erholt hatte, hielt ihn seine Gemahlin erfreulicherweise davon ab, sich bei der »Schiffsleitung« zu beschweren. Seine Frau konnte ihm nämlich glaubhaft machen, dass noch nie jemand auf einem Kreuzfahrtschiff an Hunger gestorben sei. Frauen sind einfach den Anforderungen des praktischen Lebens viel eher gewachsen! Kluge Männer wissen das übrigens – und hören auf sie. Zumindest wenn's drauf ankommt.

Manchmal wachsen besagte Ehefrauen sogar über sich hinaus. Und über den Ehemann gleich mit. Selbst wenn der so groß ist wie ein Kleiderschrank und sie ihm nur bis zum Brustbein reicht.

Ein solches Paar, wir nennen sie Hans und Kimberly (*die Namen wurden vom Autor geändert*), betrat eines schönen Hafens die Planken, die die Welt umrunden, um ihre erste Kreuzfahrt anzutreten. Eigentlich betrat nur Kimberly die Planken. Hans mühte sich derweil auf dem Hafengelände mit zwei riesigen Koffern ab, die ihm alsbald jeweils drei (!) Philippiner abnahmen.

Kimberly war durch und durch perfekt gestylt – von den Schuhen über die Garderobe, den Schmuck, die Handtasche bis hin zur passenden Kopfbedeckung. Alles perfekt aufeinander abgestimmt!

Hans hingegen machte einen etwas schluffigen Eindruck in seinem Hawaiihemd und der Jeans, die sogar zwei, drei Flecken aufwies. Aber man sah es ihm am Anreisetag nach, vor allem wenn man gesehen hatte, wie sich der eigentlich sehr durchtrainierte Hans mit den beiden Kofferungetümen herumgeplagt hatte.

Doch änderte sich dieses »Outfit« die ganze Reise über nicht. Bei ihm.

Kimberly hingegen war ein wandelndes Modemagazin. Und wie sie alsbald ihre Mitreisenden wissen ließ, wäre sie ohne Hans, »die gute Seele«, komplett aufgeschmissen. Denn Kimberly entschied am frühen Morgen – in Abstimmung mit dem Tagesprogramm –, welche Farbe zu diesem Tag passen würde. Sodann ließ sie ihn ihre Entscheidung wissen: »Hans, Gelb!«

Und jetzt suchte Hans alles in der Farbe Gelb zusammen: Schuhe, Hose, Bluse, Schmuck für Hand, Hals und Ohr und natürlich den Nagellack. Alles Ton in Ton. Selected by Hans.

Sodann musste Kimberly nur in die bereitgelegten Textilien samt Accessoires schlüpfen und betrat sodann die Bühne »Schiff«.

Sie erwähnte beim Thema »Hans, die gute Seele« auch, dass ihre Garderobe leider ein bisschen viel Platz eingenommen habe, dass sich Hans aber netterweise mit der einen Hose und dem einen Hemd zufriedengegeben habe. Auf die Frage, wieso er sich denn nichts im Bordshop kaufen würde, antwortete Kimberly: »Hans gibt so wunderbar auf unsere Reisekasse acht, das entscheidet er ganz allein.«

Und was will uns der Dichter damit sagen? Wirtschaftliche Ressourcen sinnvoll einzusetzen ist ein Gemeinschaftsprojekt. Nicht die Sache einer »guten Seele«, während der oder die andere es krachen lässt.

(Andererseits gehören immer zwei dazu, damit ein solches Ungleichgewicht à la Hans und Kimberly entstehen kann – und bestehen bleibt.)

Superlative

Aus der Glücksforschung ist bekannt, dass zu den ultimativen »Saboteuren des Glücks« das Vergleichen gehört. Denn durch Vergleichen dessen, was man hat, mit dem, was man haben könnte (*oder schon mal gehabt hat*), verstellt man sich die Freude und den Genuss an dem, was im Hier und Jetzt real geboten wird.

Andererseits lebt eine Mediengesellschaft – und wir leben in einer solchen, ob es uns gefällt oder nicht – vom Berichten darüber, wo es schöner, besser, bunter, reicher, verrückter, härter, aufregender oder was auch immer ist. Deshalb werden wir ständig damit konfrontiert, dass es irgendwo auf der Welt ein »Mehr« von irgendwas gibt. Auch auf dem Meer.

Um sich dagegen zu wappnen, sollte sich der Kreuzfahrtreisende vor Beginn seiner Reise die Frage stellen, was für eine Form an Kreuzfahrt er erleben will. (➤ »*Beste Reisezeit*«). Die klassische? Oder möchte er sich an Bord in die Faszinationen der modernen Ablenkungsindustrie stürzen?

Zum Beispiel weil er alle fünfe grade sein lassen will, mal eine Abwechslung zur Routine seines Berufslebens sucht oder Kinder hat, die bewegt werden wollen. Für diese Reisenden sind die Superlativ-Schiffe erfunden worden, die ständig neue Gigantismen gebären:

✳ 50 Restaurants an Bord – von der Pommesbude über Steakhouses (*mit eigenen Klimakammern zum Reifen der Rinderhälften*) und japanischen Spezialitätenrestaurants bis zur federleichten kalifornischen Edelküche. Alles auf einem Schiff

✳ Wasserrutschen über zehn Decks

✳ einen Innenhof mit 12 800 lebenden Pflanzen

✳ Roboter-Bartender, die Ihren Martini streng nach elektronischem Bauplan schütteln (*oder rühren, je nach Programm*)

✳ Zipline-Seilrutschen über neun Decks

✳ Whirlpools, die über die Bordwand hinausragen

und dem Schwimmer das Gefühl geben, neben dem Cruise-Ship zu schwimmen

❋ Kletterwände über mehrere Stockwerke

❋ Eislaufbahnen

❋ Musicals in original Broadway-Besetzung

❋ Artisten, die sich aus 19 Meter hohen Türmen in handtaschengroße Bassins stürzen

❋ und was sich Entertainment-Direktoren mithilfe von Schiffsbauern sonst noch alles ausdenken.

Es wird niemand wundern, dass bei solch einem superlativschwangeren Vergnügungsmarathon die auf der Reiseroute liegenden Hafenstädte nur eine Nebenrolle spielen können. Mal ganz abgesehen davon, dass solche Riesenpötte ohnehin nur Häfen anfahren können, die ihnen den passenden Platz am Kai zur Verfügung stellen können. Kleine, pittoreske Städtchen in entlegenen Buchten lernt man mit solchen maritimen Megalinern nicht kennen. Außerdem besteht die Gefahr der Taubheit für die Reize einer »normalen« Hafenstadt, wenn man auf dem Meer derart auf Superlative eingestimmt worden ist.

Andererseits kann man das Programm auf diesen schwimmenden Vergnügungsinseln auf einer einzigen Reise gar nicht »abarbeiten«, wenn man nicht in eine Das-muss-ich-auch-noch-machen-Hektik abrutschen will. Deshalb muss man wiederkommen. Und schon hängt man am Haken.

Das ist durchaus Absicht. Denn solche milliardenteuren Schiffe rechnen sich naturgemäß nicht, wenn nur 400 Passagiere an Bord sind. Nein, bei solchen Schiffsinvestitionen muss die Reederei mit gut und gerne 5000 Passagieren an Bord kalkulieren. Das lässt bei manchem Passagier zwar Horrorszenarien von oktoberfesthaften Übermassungen vor dem inneren Auge erstehen, doch ist die Überraschung groß, wenn der so Verschreckte im Realitätstest dann feststellen muss, dass sich diese vielen Menschen »irgendwie« verlaufen und gar nicht besonders auffallen.

Bei der Kabinenwahl sollte man allerdings bedenken, dass die Balkonkabinen des Schiffes auch zum Innenhof gehen können. Und auf dessen gegenüberliegender Seite Pendants haben. Diese Balkone schauen also nicht auf die Weite des Meeres, sondern durch die Baumkronen der 12 800 Pflanzen des »Central Parks« hindurch auf andere Balkone – auf denen unter Umständen unbekleidete Passagiere sitzen, deren Anblick nur für einschlägig Interessierte sehenswert ist.

Weniger Superlative als vielmehr die Freuden der klassischen Kreuzfahrt buchen diejenigen, die vom Meer fasziniert sind:

✳ von seiner Weite und Stille

✳ von dem Farbenspiel von Wasser und Licht, das sich im Laufe des Tages und des Abends ändert

✳ vom salzigen Duft, der ihre Nase umweht

✳ von der kontemplativen Betrachtung des Wirbelns und Sprudelns der Heckpropeller und der unendlich scheinenden Formenvielfalt des Wassers, das seine Gestalt wie im archaischen Gebräu der Ursuppe ständig neu erfindet

✳ von der inneren Freude an anderen Kreaturen – wie den übers Wasser sirrenden fliegenden Fischen, den verschmitzt lächelnden Delfinen, die übermütig das Schiff begleiten, oder den flukenwinkenden Walen, die in atemraubende Tiefen tauchen

✳ von reizvollen Städten und deren Häfen mit ihren Menschen und besonderen Reizen

✳ von der Ruhe, die einen überkommt, wenn man den Einklang findet – zwischen sich und der horizontweiten Erhabenheit dessen, woraus das Leben entstanden ist.

Das Schöne an einer solchen Reise sind die Entdeckungen, die man an, mit und in sich findet – und die nie an Reiz und Intensität verlieren können, weil ihre Wurzeln tief in uns selbst stecken.

Denn wie sagte der alte Geheimrat Goethe auf seinem »West-östlichen Diwan« liegend doch so treffend:

»Die stille Freude wollt ihr stören?
Lasst mich bei meinem Becher Wein;
Mit andern kann man sich belehren,
Begeistert wird man nur allein.«

Dieses »Sich-Begeistern« ist übrigens ein zutiefst aktiver Vorgang. Nicht so sehr im körperlichen Sinne, doch im geistigen. Schöpft er doch aus der Tiefe des Selbst und seinen Erfahrungen, damit er hinter all das schauen kann, was sich seinem Auge – auf den ersten Blick – entgegenzustellen versucht. Ein »Durch-Blick«, der nie an Reiz verliert. Weil man seiner nicht überdrüssig wird.

Für welchen Kreuzfahrttyp sich der Reisende auch immer entscheidet, Johann Wolfgang von Goethes Zeilen bleiben gültig. Auch wenn es zugegebenermaßen schwerfällt, in unsrer gegenwärtigen Epoche, die die Ablenkung und Bequemlichkeit an die oberste Stelle ihrer Prioritätenliste setzt, die tiefe Wahrheit in der stillen Freude zu erkennen.

Doch wer sich auf diesen Weg begibt, wird belohnt. Versprochen!

Tipps & Tricks

Das Leben auf Kreuzfahrtschiffen ist anders (➤ »*Eine eigene Welt*«) und man macht Erfahrungen, über die man erst nachdenken muss, um sie zu verstehen. Deshalb hier ein paar Hinweise für diese Welt:

Ein Ehepaar, das gerade seinen weißen Oceanliner bestiegen und sich häuslich eingerichtet hatte, saß bei einer gepflegten Flasche Wein auf der Kabinencouch und schaute vor dem Abendessen im Bordfernsehen die deutschen Nachrichten. Sie genossen die milde Bewegung ihres »Zuhauses auf Zeit« und freuten sich auf entspannte Tage an Bord. Als er ein merkwürdiges Geräusch vernahm …

Es war nicht besonders lang. Aber wiederkehrend. Manchmal gedehnt. Manchmal kurz. Auf jeden Fall unregelmäßig. Das mobilisierte den inneren Ingenieur in diesem deutschen Passagier, der auch sofort die passende Strategie zur Problemlösung parat hatte: »Ich muss das Geräusch lokalisieren!«, ließ er seine Frau wissen und begab sich auf die Suche – lauschend.

Da war es wieder. Aber zu kurz, dass er ihm hätte folgen können.

So dachte er systematisch nach: Was kann Töne erzeugen? Der Fernseher! Also untersuchte er den Flachbildschirm und dessen Kabel. Zog alle aus den Verbindungen. Das Geräusch kam wieder. Ein kurzes Schaben. Und wieder Ruhe. War hier der Klabautermann am Werk? (*Bd. 1* ➤ *»Klabautermann«*)

Die Sache musste behoben werden, denn so war an Schlaf nicht zu denken. Er sah sich schon im Bett liegen und hellwach auf das »nächste Mal« warten.

Da war es wieder. Die Tür zum Balkon war fest verschlossen. Die Tür zum Bad ebenfalls. Ebenso alle Schubladen.

Der deutsche Ingenieur spitzte erneut die Ohren. Konnte es aus dem Schrank kommen?

Er schlich hin und öffnete vorsichtig die Schranktür. Bei der nächsten minimalen Bewegung des Schiffes, die er gar nicht mal wahrnahm, sah er die tönende Ursache: Alle Kleiderbügel waren mit Kleidungsstücken besetzt – bis auf einen. Den an der Schrankwand. Der war leer. Und so scheuerte das Metall des Bügels im unregelmäßigen Rhythmus der Schiffsbewegung an der Schrankwand entlang. Mal kurz. Mal länger. Je nach Bewegung des Schiffes.

Deshalb hier der Tipp: Entweder *alle* Kleiderbügel nutzen oder zumindest die *leeren* nicht an der Schrankwand hängen lassen, sondern zwischen die besetzten Bügel schieben. Dann scheuert nichts. Und niemand muss befürchten, ob des ungeklärten Geräuschs »bescheuert« zu werden.

Weitere Tipps:

Ordnung: Wer nicht als Suitenbewohner über 60 Quadratmeter an Bord verfügen kann und den Butler-Service mitgebucht hat, macht die Erfahrung, dass sich auf dem kleinen Tisch in der Kabine rätselhafterweise viel Papier ansammelt: Landgangsbeschreibungen, Tagesprogramme, Barbelege, Einladungen an den Captain's Table etc. Dieser Papierunordnung kann man wunderbar Herr werden, wenn man sich beim nächsten Landgang ein paar Kühlschrankmagnete kauft. Da die Wände der Kabinen aus Metall sind, verbannt man den »Papierkram« an die Wände, fixiert durch die Magnete – und hat überdies für daheim die passenden Objekte für die eigene Kühlschranktür. Oder die derer, die man mit einem »Mitbringsel« bedenken möchte. Bei manchem hat sich so schon eine sehenswerte Kollektion angesammelt.

Raumwunder: Dank erfahrener Schiffsbauingenieure ist Ihre Kabine bis auf wenige Quadratzentimeter so genutzt, dass Sie Ihr Gepäck erstaunlich gut unterbringen können. Vorausgesetzt Sie wissen, wo sich der Stauraum versteckt. Fragen Sie also den Kabinensteward nach dem »hidden storage« – und ruck, zuck ist alles verstaut. Vorausgesetzt Sie müssen nicht den Inhalt von mehreren Schrankkoffern unterbringen (➤ *»Hans & Kimberly« unter »Sparen«*).

Steckdosen: Der orts- und raumkundige Kabinensteward resp. die Kabinenperle kann Ihnen auch zeigen, wo sich überall Steckdosen in Ihrem bordeigenen »Heim auf Zeit« befinden. Für die Handys, Laptops, Tablets und weiß der Apple was!

Familien: Falls Sie als Familienvater das Nachsehen haben, wenn erst die Gemahlin und dann der Nachwuchs das Bad belegen und Sie sich schon ungeduscht bei Tisch sitzen sehen – gehen Sie einfach in den SPA-Bereich oder zur Sauna. Da gibt's Duschen en masse und frei sind sie überdies meist auch noch. Dasselbe gilt für den Wunsch nach Speiseeis. Nein, das sollen Sie natürlich nicht in der Sauna suchen, … sondern auf dem Lido-Deck. Viele Cruiseships haben dort einen Softeis-Automaten, wo sich die Kinder frei bedienen können. Manche haben sogar auf jeder Schiffsseite einen – mit unterschiedlichen Geschmacksrichtungen.

Frühstück: Meist sind die Büfetts während der Frühstückszeiten mehr als voll. Versuchen Sie es stattdessen doch einfach mal im Hauptrestaurant. Da muss man nicht anstehen, bekommt die feinsten

Eierspeisen an weiß gedecktem Tuch kredenzt und kann in Ruhe die mitgebrachte Morgenlektüre genießen.

In den Spezialitätenrestaurants wird oftmals sogar ein spezielles Frühstück gereicht – Miso-Suppe an Thuna beim Japaner oder Weißwurscht im Hofbräu. Einfach das Tagesprogramm studieren. Dort steht's drin.

Übergepäck

Ein Begriff, bei dem man gleich den Kopf einzieht und mit Falten der Pein auf der Stirn denkt: »Ui, hoffentlich nicht bei mir!« Und damit wird sicherheitshalber die Schere im Kopf in Anschlag gebracht und die Kofferwaage ausgepackt.

Aber ist »Übergepäck« nicht ein durch und durch unmaritimer Begriff? Richtig! Denken Sie nur mal an die alten Fotos von Marlene Dietrich mit ihren Unmengen an Koffern, die sie auf ihre diversen Atlantik-Überfahrten mitgenommen hat. Berge von Koffern ließ sie an Bord bringen. Berge! Eben weil sie mit dem Schiff reiste.

»Übergepäck« ist nämlich eine Erfindung der fliegenden Klasse, die an den begrenzten Raum im Bauche eines Flugzeuges denken muss und an den vielen Treibstoff, der nötig ist, um den Vogel abheben zu lassen.

Wir Reisenden zur See brauchen uns um derlei nicht zu sorgen. Schiffsbäuche verkraften viel Gepäck. Und müssen nicht abheben. Im Gegenteil. Sie sollen schön auf dem Wasser bleiben. Und dort haben wir es nicht eilig. Nein. Wir genießen es, in aller Ruhe von einem Hafen zum anderen zu reisen und dabei auf Einschränkungen zu verzichten. Wir kleiden uns zivilisiert und warten nicht in Jogginghosen mehr oder minder eingepfercht auf einem Stuhl festsitzend das Ende des vielstündigen Fluges ab, ehe wir die Stadt, in die wir eigentlich wollen, erst durch die Fahrt in einem Taxi erreichen.

Nein, wir Schiffspassagiere leben die philosophische Weltanschauung »Der Weg ist das Ziel«. Und zwar auf dem Wasser. Und wenn wir irgendwohin wollen, dann kommen wir in den wasserumspülten Stadtteilen unserer Zielorte an – Häfen genannt.

Deshalb die Empfehlung: Nehmen Sie reichlich Gepäck auf Ihre Schiffsreise mit – und wählen Sie wenn möglich (*schon aus Trotz*) den Landweg als Anreise. Einige denken ja, die Anreise mit dem Bus habe einen Hautgout. Mitnichten. Denn da kann man ordentlich Gepäck mitnehmen.

Manche Reedereien bieten sogar einen besonders angenehmen Service an: Sie holen ihre Passagiere mit einer Limousine von zu Hause ab – samt Gepäck – und fahren sie zum Hafen, wo sie sich aufmerksam um jedes einzelne Gepäckstück kümmern, während sich ihre Passagiere den champagnerumspülten Willkommensritualen hingeben können.

So weit die ideale Situation! Die einmal ausgesprochen werden musste.

Nun ist es aber nicht jedermanns Sache, mit der Limousine nach Singapur zu fahren, um dort eine Asien-Kreuzfahrt anzutreten. Deshalb muss der Fernreisende wohl oder übel bisweilen doch einen Flieger besteigen – und sein Gepäck dazu im Zaume halten.

Für diesen Fall hier ein paar Tricks, um beim Gepäck Raum und Gewicht zu sparen:

✳ Auf vielen Schiffen gibt es Reinigungen, Wäschereien und Waschsalons (➤ »*Waschsalon*«). Die ersten beiden holen die schmutzige Wäsche ab und liefern sie blitzsauber und in gebügeltem Zustand in die Kabine. Letztere sind als Selfservice-Betrieb günstiger und bieten die Möglichkeit, das Bügeleisen selbst in die Hand zu nehmen. In allen Fällen hilft deren Nutzung, grundsätzlich weniger einpacken zu müssen.

✳ Füllen Sie Ihre Kosmetika in markenlose Plastikflaschen um. Die wiegen weniger als die Originalglasflaschen der Hersteller. (*Beschriften nicht vergessen, sonst wissen Sie nicht mehr, was drin ist, und versuchen mit Bodylotion das Haupthaar zu spülen.*)

✳ Synchronisieren Sie mit Ihrem Partner die Ladekabel für Handys, Kameras etc. Es ist schon schlimm genug, dass man immer mehr davon braucht, aber es reicht, wenn für zwei iPhones nur eine Ladestation mitgenommen wird. Denn am Ende addieren sich die vielen Kabel und Konverter zu einem ernst zu nehmenden Gesamtgewicht.

✳ Rollen Sie Ihre Textilien. Das verhindert das Knittern. Und lassen Sie bei der Anreise etwas Platz für Souvenirs. Das reduziert das Gewicht – zumindest bei der Hinreise.

✳ Packen Sie alles (!) Nötige ins Handgepäck – wie Dokumente, Kamera, Geld, Handy und zwei Garnituren Ersatzwäsche –, falls Ihr Koffer verloren geht. Damit Sie nicht kleidungslos auf dem »Trockenen« sitzen. Das verschafft Gelassenheit am Gepäckförderband – und entlastet das Koffergewicht.

✳ Lassen Sie alles (!) Unnötige weg. Dazu gehören u. a. Föhn, Reisebügeleisen, Tauchsieder, Trinkwasseraufbereitungsvorrichtungen, Espressoautomaten, Induktionsplatten. (*Nicht lachen: All das wurde schon in Kabinen entdeckt!*) Aber die Mitnahme solcher Geräte ist wegen der Brandgefahr an Bord verboten! Ausnahme ist der Föhn. Aber mit dem müssen Sie sich dennoch nicht beschweren, weil der in der Kabine vorrätig ist.

✳ Und jetzt noch eine besonders harte Bedingung: Packen Sie weniger Schuhe ein – die nehmen den meisten Platz im Koffer weg. (*Ich weiß, meine Damen, auf so eine Idee können nur Männer kommen. Aber was würden Sie sagen, wenn Sie durch diesen Mangel Ihrem Ehemann beibringen könnten, dass Sie neue Schuhe auf der Reise kaufen m ü s s e n. Schließlich können Sie ja nicht barfuß gehen. Wäre das ein Deal? Und was den Heimflug betrifft ... Aber das ist eine andere Geschichte!*)

Welchen Zwängen Sie sich beim Packen auch immer unterwerfen, auf Ihr *ganz persönliches* Übergepäck sollten Sie in keinem Fall verzichten.

Man kann nämlich nie zu viel mit sich führen an Übermut, ausgelassener Freude und Abenteuerlust.

Packen Sie alles in viele Koffer voller Vorfreude und legen Sie noch eine Hutschachtel voller Reisefantasien obendrauf. Verschließen Sie alles mit einem bunten Band an Begeisterung und machen Sie sich auf den Weg. Denn eins sollten Sie nie vergessen: Ihr Schiff wartet schon auf Sie!

Uhren umstellen

Auf längeren Reisen muss der Reisende dank der verschiedenen Zeitzonen immer wieder seine Uhr umstellen.

Die Zeitzone an und für sich gibt es aber ebenso wenig wie die Zeit selbst (➤ »Zeit«). Deshalb musste man beide erfinden. Denn ursprünglich orientierte man sich am Sonnenstand des Ortes, an dem man sich gerade befand. Stand sie dort am höchsten, war Mittag. Alles andere ergab sich daraus.

Dann legten aber Eisenbahngesellschaften Schienen durch die Welt – und mussten Fahrpläne schreiben. In den USA zum Beispiel, wo Eisenbahnen die Ost- mit der Westküste verbanden und damit Regionen durchquerten, in denen zu unterschiedlichen Stunden die Sonne am höchsten stand. Deshalb musste man sich etwas einfallen lassen. Und das tat man: Die Zeitzonen wurden geboren.

Weil der Tag 24 Stunden hat, wurde der Globus in 24 »Kugelzweiecke« (*herrliches Wort!*) eingeteilt. Die muss man sich so vorstellen: eine Ecke dieser »Zweiecke« befindet sich am nördlichen Pol der Erdkugel, die andere am südlichen. Zum Äquator hin wölbt sich das Kugelzweieck auf eine durchschnittliche Breite von 1669 km, danach verjüngt es sich wieder. Es sieht also so aus wie die Stücke eines Apfels, den man in 24 gleiche Schnitze unterteilt hat.

Im nächsten Schritt wurde festgelegt, wo der erste Schnitt aller Apfelstücke beginnen sollte. Sozusagen die Nulllinie aller »Kugelzweiecke«. Und weil zu dieser Zeit die Briten die Weltmeere dominierten, legten sie diese gedachte Linie, die den Nord- mit dem Südpol verbindet, mitten durch ihre Sternwarte in Greenwich – und nannten sie »Nullmeridian«. Einen Abschnitt dieses Nullmeridians gossen sie in Bronze und mauerten ihn gut sichtbar in den Boden der Sternwarte ein, um zu zeigen: Hier liegt er und kann nicht anders. Bis zum heutigen Tag.

Dieser Nullmeridian nun ist die östlichste Linie des ersten Kugelzweiecks (*oder Apfelschnitzes*). Verlässt man dieses Kugelzweieck in westliche Richtung (*also Richtung Amerika*), muss man beim Überfahren der Grenze zum nächsten Kugelzweieck die Uhr eine Stunde zurückstellen. Fährt man in das nächste Kugelzweieck östlich des Nullmeridians (*also Richtung Europa, Russland oder Asien*), muss man die Uhr eine Stunde vorstellen. Warum? Weil man dem Osten – also dort wo die Sonne aufgeht – entgegenfährt und damit der Tag früher beginnt.

Nun haben die Kugelzweiecke aber nirgends die ursprünglich geplante ideale Form (*siehe Apfelschnitz*). Womit wir bei der wahren Gestalt der Zeitzonen sind. Die sind nämlich manchmal ausgezackt, eckig verschoben und dergleichen mehr. Der Grund: Zu welcher Zeitzone ein Land gehören möchte, definiert der betreffende Staat selbst. Der Blick auf eine Weltkarte, in der die Zeitzonen eingezeichnet sind, zeigt anschaulich das Beschriebene und erspart einem die Mühsal, das Phänomen in seiner philosophischen Tiefe umfassend zu ergründen.

Ein Blick auf die Zeitzonenweltkarte sollte sogar zur Pflicht an Bord gemacht werden. Denn dann hätte sich folgende Frage einer Passagierin vielleicht von selbst erledigt.

Etwas irritiert kam sie zur Rezeption des schiffseigenen SPAs und fragte die junge Dame in Weiß hinterm Tresen: »Ich hab da mal eine Frage: Wir haben doch heute Nacht die Uhren umgestellt.«

»So ist es«, erwiderte die junge Frau vom SPA.

»Aber heute Nachmittag habe ich doch einen Termin bei Ihnen. Um 16 Uhr.«

»Ja. Genau.«

»Nun meine Frage: Ist der Termin trotzdem um 16 Uhr? Weil wir den doch vorgestern festgelegt haben. Da waren die Uhren ja noch nicht umgestellt?«

Hierauf versicherte ihr die junge SPA-Angestellte, dass 16 Uhr immer 16 Uhr bedeute, wenn 16 Uhr auf den überall aushängenden bordeigenen Uhren angezeigt ist.

Und im Stillen dachte sie: Das Schiff gleitet über die Meere – und Zeit und Raum gleiten mit.

Es gibt aber auch Passagiere, die den Spieß umdrehen.

Abendlicher Anruf bei der Rezeption: »Hier ist Kabine 3407. Könnten meine Frau und ich bitte heute Nacht um drei Uhr geweckt werden?«

Ganz erstaunt fragte die junge Rezeptionistin: »Tatsächlich? Heute Nacht um drei?«

»Jawoll«, kam's entschlossen aus dem Telefonhörer, »dann müssen wir raus!«

»In der Nacht? Wohin wollen Sie denn? Wir sind auf See!«

»Das weiß ich, aber es wurde doch gerade durchgesagt – heute Nacht um drei Uhr würden die Uhren umgestellt … !« Und dann ließ der Passagier ein leises Kichern hören.

Kommt Zeit, kommt Tat.

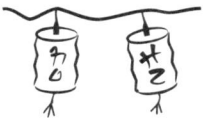

Vergnügen

Das Leben auf Schiffen ist für die meisten Reisenden ein großes Vergnügen: Das Hotel, in dem Sie nur einmal Ihre Ferienkoffer auspacken, bringt Sie nachts nahezu unbemerkt von Stadt zu Stadt.

Manche Routen führen Sie sogar in kühne Höhen von knapp 11 000 Metern über dem Festland (*beim Überqueren des Mariannengrabens zum Beispiel*). Und dennoch können Sie dabei ungestört ins Freie treten, einen kleinen Dauerlauf machen oder sich sonnen. Und selbst Tausende Kilometer von jedem Festland entfernt bekommen Sie mehrmals am Tag fein zubereitete Speisen serviert.

Dieses vergnügliche Reisen inspiriert die meisten Passagiere ungemein. Einige ereilt dabei sogar ein Entspannungszustand, der sie in einen erdfernen Schwebezustand versetzt. Das ist für den Körper erholsam, lässt aber manchen zutiefst entspannten Denkapparat Fragen erörtern, von denen einige prachtvolle Exemplare hier erwähnt werden sollen.

So kam ein Passagier an einem schönen Seetag einer Atlantiküberquerung zur Bordrezeption mit dem Tagesprogramm unterm Arm.

»Ich habe da mal eine Frage.« (*Eine Gesprächseröffnung, die bei den Damen an der Rezeption umgehend für erhöhte Aufmerksamkeit sorgt.*) »Wir müssen ja täglich die Uhr eine Stunde zurückstellen. Aber warum werden denn jetzt die Uhren ganz ausgestellt? Und wann kann man sie wieder anstellen. Das steht nämlich *nicht* im Programm?«

Die junge Frau an der Rezeption runzelte die Stirn und fragte leicht irritiert: »Wie meinen Sie das?«

»Na ja, heute werden doch die Uhren ausgestellt …«

»Entschuldigung, wieso werden die Uhren ausgestellt?«, unterbrach sie ihn.

»Das frage ich mich ja auch!«

Die junge Frau hatte in der kurzen Zeit, in der sie hinter dem Tresen der Rezeption ihrer Arbeit nachgegangen war, gelernt, dass manche Fragen erst einmal durch Nachfragen auf ihren Sinngehalt geprüft werden mussten.

Also fragte sie nach: »Wer sagt denn, dass die Uhren ausgestellt werden?« Sie hegte nämlich den Verdacht, dass sich ein anderer Passagier mit dem guten Mann einen Scherz erlaubt hatte.

»Das steht im Tagesprogramm«, kam es siegesgewiss von ihrem Gegenüber zurück. Damit legte er das Programm aufgeschlagen auf den Rezeptionstresen, drehte es so, dass die junge Frau es lesen konnte, und tippte mit dem Finger auf die entscheidende Stelle: »Sehen Sie, da steht unter 16 Uhr: ›Heute im Shop: Uhren-AUSstellung.‹«

Es gehört zur Jobbeschreibung für alle, die an der Rezeption eines Kreuzfahrtschiffes arbeiten, dass zwei Eigenschaften bei ihnen nie versiegen dürfen: Geduld und Verständnis.

Beides war dringend vonnöten, nachdem ein First-Time-Cruiser kurz vor Einlaufen des Schiffes in den nächsten Hafen an der Rezeption ein Ticket für den Shuttle-Bus ins Stadtzentrum erworben hatte. Er fragte nämlich zum Schluss die junge Rezeptionistin: »Hält dann der Bus hier auf Deck 5?«

Für den Bruchteil einer Sekunde drohte der jungen Frau der Unterkiefer herunterzuklappen, doch fing sie ihn rechtzeitig wieder auf und sagte nachsichtig wie eine Mutter: »Nein, der Bus fährt vom Kai ab. Dazu müssten Sie über die Gangway …«

»Hab' schon verstanden,« unterbrach der First-Time-Cruiser sein Gegenüber leicht gereizt und entschwand.

Diese Begegnung der sonderbaren Art hätte die junge Rezeptionistin noch mit einem Kopfschütteln wegstecken können, wenn derselbe Passagier nicht noch einmal zurückgekommen wäre: »Noch eine Frage«, hob er mit großer Selbstverständlichkeit an, »ist die Rezeption jeden Tag hier auf Deck 5?«

Da wollte sie zurückfragen, ob er tatsächlich meine, dass der Rezeptionstresen, die Computeranlage und die Büroräume hinter der Wandverkleidung, auf der ganz groß das Wort REZEPTION geschrieben stand, täglich umziehen würden? Doch beherrschte sie sich und antwortete nur leicht frostig: »Ja!«

Ob die Ursachen für solche Fragen eher ein psychologisches oder ein medizinisches Phänomen sind, soll hier nicht erörtert werden. Tatsache ist, dass sich vor manchem tiefenentspannten Passagier auf den Meeren unserer schönen Erde die Geheimnisse der deutschen Sprache auftun, denen sie sich sodann hilflos ausgeliefert sehen.

Wie jener Passagier, der beim süßen Nichtstun eines Seetags durchs Schiff streunte und hie und da nach dem Rechten sah. Als er am Theater vorbeikam, wo des Abends das Showensemble auftrat, stellte er fest, dass die Künstler dort tagsüber ihre Abendauftritte übten. Also setzte er sich ins Dunkel des Zuschauerraums, schaute den Tänzern und Sängern bei der Arbeit zu und gönnte sich diesen »Blick hinter die Kulissen« auf offener Bühne.

Auf dem Vorhang, der den hinteren Teil der Bühne verdeckte, stand für alle gut sichtbar das, was sie da taten – nämlich »PRO BEN«. In der Mitte des Wortes war eine Lücke, weil sich dort der Schlitz im Vorhang befand, durch den die Künstler die Bühne betraten.

Als einer der jungen Tänzer Pause hatte und auf der

Suche nach etwas zu trinken an dem Passagier vorbeikam, hielt der freundliche Mann ihn an: »Das ist ja toll, wie hart Sie hier trainieren. Aber Ihre Kollegen springen und tanzen da in einem Tempo über die Bühne, dass ich den Überblick verloren habe. Wer von Ihren Kollegen ist denn jetzt PRO und wer BEN?«

An Bord gut geführter Kreuzfahrtschiffe kann der Abbau jeglicher Spannung so weit führen, dass langjährig gepflegte Sprachgewohnheiten auf rätselhafte Weise ihre Selbst-Verständlichkeit verlieren. Sollten Sie solche Merkmale bei Mitreisenden bemerken, dann wissen Sie: Diese Reisenden befinden sich in einem paradiesischen Zustand parzivalhaften Gleichmuts. Nehmen Sie darauf Rücksicht und folgen Sie der Maxime: »Bitte nicht stören!«

Waschsalon

Die alte Ganoveneinschätzung »Die Luft ist rein« gilt auf Kreuzfahrtschiffen nicht nur, weil keine Polizei in der Nähe ist, sondern trifft generell zu. Besonders vom Bug bis auf die Höhe des Schornsteins, wo sich der Fahrtwind mit den Winden der Region mischt. Sie fegen (*oder säuseln – je nach Jahreszeit und Weltengegend*) über die ebenen Wasserflächen und pusten Lungen, Bronchien, Haupthaar und die gesamte Garderobe durch. (*Das machen sie zwar hinter dem Schornstein auch, aber da ist es nicht mehr ganz so sauber.*)

Wo auch immer man sich aufhält: hin und wieder muss die Garderobe gewaschen werden. Dazu gibt es auf manchen Schiffen einen Waschsalon.

(*Wäschereien gibt es natürlich an Bord jedes Cruiseships, sonst könnten die Uniformen der Crew nicht so blütenweiß sein, wie sie es sind. Aber hier ist die Rede von den Waschsalons, in denen man selbst – gegen Einwerfen einer Münze – Waschautomaten befüllen kann, bei denen es sodann rund geht.*)

Diese Waschsalons sollte man an den beiden Tagen vor Ende der Kreuzfahrt grundsätzlich meiden. Denn spätestens dann denkt jede gute Chefin eines kleinen Familienunternehmens an das Waschpensum, das sie vielleicht schon an Bord erledigen kann.

Sagte ich »Chefin«? Leider ja. Ungerechterweise sind die Waschwilligen meist weiblichen Geschlechts – auch wenn keine Ausrede von Vertretern des angeblich starken Geschlechts schlicht genug ist, um sich vor der Wäsche zu drücken.

So hörte der Autor im Fahrstuhl eines herrlichen Kreuzfahrtschiffs einem Ehepaar zu, als sie ihn bat, vielleicht noch schnell die Wäsche in eine Maschine des Waschsalons zu verfrachten. Darauf er: »Nee, ich kenne mich nicht aus mit Computern!«

Starkes Geschlecht? Starkes Stück – würde es eher treffen. Vielleicht sogar: »Mann über Bord! Frau überglücklich!«

Es sind also in der Mehrzahl Passagierinnen, die in den maritimen Waschsalons anzutreffen sind. Wobei nicht alle durch eheliche Konventionen dazu verurteilt sind. Einige wähnen sich in ihrem natürlichen Biotop und schätzen es durch einen Blick in Mieles Stahltrommel »Untergrundinformationen« zu »recherchieren«. Dazu gehört der Blick auf die »Wäsche der anderen«. Und ihren Schnitt. Ist da vielleicht etwas Frivoles dabei? Oder anderes Verräterisches? Schließlich will frau doch wissen, was da auf ihrem

Deck so kreucht und fleucht … hinter verschlossenen Türen.

Falls der analysierende Röntgenblick in die Intimsphäre der Mitreisenden nicht besonders ergiebig ist, lässt sich vielleicht durch einen kleinen Plausch Neues erfahren.

Allerdings sollte sich »frau« etwas geschickter anstellen als jene Passagierin, die während einer Atlantiküberquerung nach New York die Wartezeit auf die letzte Umdrehung ihrer Trommel mit einem kleinen Schnack würzen wollte. Sie hatte ihr Vis-à-vis als jene Dame erkannt, die auf den Azoren zugestiegen war – dem einzigen Halt auf dieser Reise. Diese gehörte zur Sorte der strammen Wanderinnen und war bei ihrem Aufenthalt auf der atlantischen Inselgruppe von einem unerwarteten Azoren-Tief durchweicht worden. Die dabei entstandene schlammige Kleidung wollte sie im Waschsalon nun wieder dem Farbton näherbringen, in dem sie ihre Kleidungsstücke gekauft hatte.

Die Passagierin, die die Wartezeit bei ihren »häuslichen Pflichten« ein wenig überbrücken wollte, eröffnete das Gespräch mit der jungen Wanderin nicht sehr inspiriert mit den Worten: »Und? Fahren Sie auch nach New York?«

Die markige Wandersfrau schaute die Passagierin daraufhin lange an, als ob sie bei mehr als 4000 km gähnend leerem Wasserweg zwischen den Azoren und dem »Big Apple« fragen wollte »Wohin denn sonst?«.

Schließlich war sie Wanderin – nicht Schwimmerin. Sie beendete ihren prüfenden Blick auf die Waschsalon-Begegnung mit einem leicht nervösen Lächeln – ehe sie schweigend den Waschsalon verließ.

Übrigens: An normalen Seetagen (*also nicht bei denen einer Atlantiküberquerung*), wo man gerne den lieben Gott einen guten Mann sein lässt und sich entschließt, die Seele baumeln zu lassen, baumelt im Waschsalon gar nichts. Denn da herrscht dort Hochbetrieb. Seetage werden gern genutzt, um im nächsten Hafen den Rücken frei von »häuslichen Pflichten« zu haben, damit frau sodann einen gepflegten Landausflug unternehmen kann.

Waschen Sie also Ihre schmutzige Wäsche an normalen Tagen gegen Abend und meiden Sie die »Wasch-Hour« an Seetagen. Verbringen Sie die lieber auf einem Deckchair – und tun Sie etwas für Ihr Glück. (➤ *»Zum Glück«*)

Water Kant

Niemanden wird die Erkenntnis verwundern, dass ein Kreuzfahrtschiff kein Campingplatz ist. Das erkennt selbst das ungeübte Auge schon daran, dass nirgendwo ein Zelt aufgestellt ist. Im Gegenteil. An Bord wohnt man in ordentlichen Kabinen. Es gibt keine Sammelduschen und das Essen wird nicht im mitgebrachten Wohnwagen zu sich genommen, sondern an sorgsam gedeckten Tischen.

Nichts weist also darauf hin, dass es sich bei einem Kreuzfahrtschiff um ein Lager im Grünen handelt. Dennoch gibt es Passagiere, die sich wie bei einem Campingurlaub kleiden – und auch so benehmen.

Gut, in früheren Jahren, als das Reisen auf Kreuzfahrtschiffen noch eine elitäre Form der Freizeitbeschäftigung war, wurde der Dresscode ein wenig überstrapaziert. Da bekam der Maitre im Restaurant zu Beginn einer Reise auch mal schnell tausend Mark Trinkgeld zugesteckt, nur damit er dem edlen Spender einen »ordentlichen« Tisch zuwies.

Diese Zeiten sind heute vorbei und es ist durchaus erfreulich, dass man nicht im dunkelblauen Blazer zum Frühstück erscheinen muss und das Galadiner nicht im Frack samt großer Ordensspange einzunehmen hat.

Dennoch – oder gerade deswegen – gibt es ein Minimum an Umgangsformen, das eingehalten werden sollte. Kreuzfahrtkundige nennen diese Essenz an Umgangsformen auch den »Water Kant«. Er ist eine maritime Adaption von Immanuel Kants kategorischem Imperativ. Er lautet: »Verhalte dich so an Bord, wie du erwartest, dass sich andere dir gegenüber verhalten.«

Rigide durchgesetzt wird der »Water Kant« zwar nicht, aber er ist eine gute Messlatte, mit der mancher sein Verhalten immer wieder nachjustieren kann.

Das klingt ein bisschen theoretisch, deshalb hier einige konkrete Hinweise:

1. Auch Models sind – wenn sie nicht in der Maske »aufbereitet« worden sind – menschliche Geschöpfe mit optischen Stärken und – *Schwächen*. Um wie viel mehr sind wir Nicht-Models mit Letzteren gesegnet.

   Damit wir uns nicht missverstehen: Jeder soll sich in seiner Haut wohlfühlen – keine Frage. Aber niemand strahlt erfreut, wenn er die ästhetischen Problemzonen anderer nur spärlich bekleidet beim Essen präsentiert bekommt. Auf dem Balkon seiner Kabine kann sich jeder entkleiden wie er mag. Vorbeiziehende Walfische sind durch menschliche Proportionen nur selten zu schrecken. Leider gilt das nicht für andere Passagiere.

Im Kontakt mit ihnen – den anderen Passagieren – sollte deshalb optisch ansprechend bekleidet sein, was nicht sehenswert ist. Und bei der Beurteilung, was sehenswert ist, darf ruhig ein strenger Maßstab angelegt werden. Denn die Freiheit des Einzelnen endet da, wo sie die Freiheit des anderen einschränkt. Und damit ist auch gemeint, dass man den anderen nicht beständig zwingen sollte, wegschauen zu müssen, damit ihm nicht der Appetit vergeht.

Das soll keinem Komplexe einjagen, sondern dem Gedanken der Rücksicht auf andere Tür und Tor öffnen. Schließlich sitzen wir alle in einem Boot. Da ist Um-Sicht nicht nur eine Frage des Ausblick sondern auch der Ästhetik.

2. Was fürs Auge gilt, gilt auch für die Ohren.

Es ist erfreulich, dass Menschen selbstständig denken und ihre Schlüsse daraus ziehen können. Da über diese Fähigkeit aber alle an Bord verfügen (*auch wenn sich das einige nicht wirklich vorstellen können*), kann jeder für sich allein denken und braucht keinen Vordenker, der lauthals kundtut, was er zu bestimmten Fragen meint. Oder was ihm heute wieder »Unglaubliches« passiert ist!

Will der eine oder andere Passagier an den Gedanken eines anderen teilnehmen, so teilt er ihm dieses mit. Ein Vorgang, den man »Gespräch«

nennt. Dabei hören alle Beteiligten einander zu und tauschen ihre Meinungen aus: Wechselseitig. Und in Zimmerlautstärke.

3. Noch nie hat man gehört, dass auf einem Kreuzfahrtschiff jemand verhungert sei. Wer das nicht glaubt, muss sich nur einmal die Statistik anschauen, was auf einem einzigen Streckenabschnitt der Reise an Lebensmitteln verbraucht wird: Tausende von Eiern, Tonnen von Butter, Hekatomben von Rindern, Schweinen und Geflügel. Deshalb braucht sich niemand am Büfett seinen Teller so vollzuladen, als gäbe es bis zum nächsten Hafen nichts mehr zu essen. Gehen Sie lieber zwei- oder dreimal. Das dient der Figur, wird etwaigen Meinungsänderungen gerecht (*z. B. was als Nächstes köstlich sein könnte*) und sorgt dafür, dass man die Teller unfallfrei an seinen Tisch tragen kann.

Passagieren, die gleich zwei voll beladene Teller für sich an den Tisch jonglieren, sollte der Gästestatus aberkannt werden. Im Wiederholungsfall erscheint es angebracht, ihnen das Kielholen in Aussicht zu stellen (➤ *»Kielholen«*).

4. Jeder Passagier soll sich auf seinem Schiff wohl- und zu Hause fühlen. Dennoch ist es nicht »sein« Schiff! Sondern das aller. Deswegen »gehören« ihm auch nicht die Liegestühle. Nicht mal ein

einziger davon. Selbst an das »Reservieren« sollte er *nicht einmal denken*.

5. Und erst recht gibt es keinerlei Grund, das freundliche Personal an Bord übellaunig zu behandeln. Ganz im Gegenteil: Alle Passagiere sollten ausgesprochen fröhlich und liebenswürdig zu den guten Geistern der Crew sein, denn dann sind sie es auch zu ihnen. Und das wollen wir doch alle! Erfreulicherweise wissen das natürlich auch 99,999 Prozent aller Passagiere. Die anderen müssen bisweilen daran erinnert werden. Zum Beispiel, indem man ihnen die Worte ihrer Mutter in Erinnerung ruft, die – wie alle Mütter – gesagt hat: »Wie du in den Wald hineinrufst, so schallt es heraus!« So bleibt einem nur noch hinzufügen: »Ihre Mutter hatte recht!«

Wer diese fünf Grundregeln beherzigt:

✳ sich zivilisiert kleidet

✳ die Stimme im Zaum hält

✳ moderat die Teller füllt

✳ keine Liegestühle reserviert

✳ und das Personal an Bord freundlich behandelt,

braucht nur noch eins, um seinen »Water Kant« souverän zu leben: jeden Abend das Tagesprogramm für den nächsten Tag lesen. Dann weiß er über alles – wirklich alles – an Bord bestens Bescheid.

Winde

Sie kennen den Ausdruck »Abort« als beschönigenden Begriff für das, was sich hinter dem Türschild »WC« verbirgt? Bemerkenswert daran ist, dass es die Verneinung dessen, was ein »Ort« ist, nicht gibt. Ja, nicht geben kann. Denn auch der Ort, der einem nicht gefällt oder den man gerne übersieht, ist und bleibt ein Ort. Kein »Nicht-Ort«.

Genauso ist es mit dem Un-Wetter. Gewitter, Stürme, Wellengang: Alles ist Wetter. Ob es einem gefällt – wie milder Sonnenschein – oder nicht – wie Regen, Blitz und Donner.

Deswegen nennt der Seemann »einen Sturm überstehen« auch ab-wettern. Nicht un-wettern. Denn er lässt das Wetter ab-blitzen, sich austoben – und steht dabei mannhaft seinen Seemann. Auch wenn er danach manchmal »durch den Wind ist«.

Aber Wind, Wetter und Wellen sind für den Seemann eigentlich sowieso nicht drei verschiedene Begriffe, sondern bezeichnen ein und dasselbe. Denn Wellen macht der Wind. Und der ist nicht nur ein Teil des Wetters, sondern auch bei jeder Schifffahrt ein bedeutsamer Mitspieler.

Wer zum Beispiel einmal die Erfahrung machen durfte, einen leeren Frachter – also ein hoch aus dem Wasser ragendes, leeres Schiff aus Stahl – von Hand zu steuern, der weiß, dass selbst so ein riesiger Stahlkoloss etwas von einem Segelboot hat. Weil der Wind nämlich gegen die breite Seite des Schiffes so kraftvoll bläst, dass man massiv und mit viel Geschick gegensteuern muss. (*Erniedrigenderweise kriegt das die automatische Steuerung viel eleganter hin.*)

Und weil der Wind der ständige Begleiter des Seemannes ist, hat er viele vertraut klingende Namen für die lauen Lüftchen, die sich auch schon mal schnell aufblasen und zu veritablen Stürmen aufbrausen können.

Etwa den praktischen »Himmelsbesen« für einen Nordwestwind in nördlichen Breiten, der mit besonders klarer Sicht einhergeht, nachdem er alle Wolken vom Himmel »weggefegt« hat.

Oder die »Kanalratte«. Das ist ein sich schnell entwickelndes, flinkes in Kanal-Richtung ziehendes lokales Tief über dem Ärmelkanal.

Oder ein kumpeliges »Willy-Willy« für einen kleinen heftigen Zyklon an der Westküste Australiens.

Oder den ausdrucksstarken »Kapdoktor« für den milden Fallwind, der vom Tafelberg strömt und die

Emissionen von Industrie und Autoverkehr aus den Straßen Kapstadts hinaus aufs Meer bläst.

Aber natürlich darf es auf der Brücke nicht beim Wissen um vertraute Windnamen bleiben. Die Offiziere müssen über ein tiefes Verständnis der Winde verfügen, viel Wissen anhäufen über Strömungen in Luft und Meer sowie sich daraus entwickelnde Druckgebilde. Bewegen sie alle doch jene (Ober)Fläche, über die sie ihr Schiff steuern.

Der nautische Offizier lernt deshalb sehr lange und intensiv die hochkomplexen Gesetze der Meteorologie, bis sie ihm in Fleisch und Blut übergegangen sind. Ein Engagement, das wir Passagiere nicht wirklich nachahmen müssen. Deshalb hier nur ein winzig kleiner Einblick in das luftige Geschehen, das uns mal harmonische, mal beeindruckende Wellen beschert.

Grundsätzlich strömt die Luft ja – wie wir von der Wetterkarte wissen – von einem Hochdruckgebiet (H) in ein Tiefdruckgebiet (T), weil sich beide ausgleichen wollen. Da sich die Erde dabei aber beständig dreht, ist diese Windbewegung nicht geradlinig, sondern auf der Nordhalbkugel eine Bewegung im Uhrzeigersinn, auf der Südhalbkugel gegen den Uhrzeiger.

Steigen also erwärmte Winde am Äquator auf und dann Richtung Norden polwärts, so strömen sie nicht geradewegs gen Norden, sondern werden nach Osten abgelenkt. Auf der Südhalbkugel geht die Ablenkung entsprechend in entgegengesetzte Richtung – also nach Westen. (*Für Physikinteressierte sei hier das Stichwort »Corioliskraft« erwähnt.*)

Aber es gibt natürlich noch jede Menge weiterer Einflussfaktoren auf die Luftströme. Zum Beispiel die verschiedenen Oberflächen unseres blauen Planeten, der ja zu 70 Prozent mit Wasser bedeckt ist.

An dessen Rand erwärmt sich die Landoberfläche deutlich schneller als das Wasser und lässt dabei den Druck über festem Grund steigen. Also steigt die Luft über Land auf, nimmt in einer Art Sogwirkung die kühlere Luft über dem Meer mit – in Richtung Land –, was man in Küstennähe als *auf-landigen* Wind erlebt.

Nachts geht es andersrum, weil sich das Land schneller abkühlt als das Meer. Deshalb steigt gegen Abend die warme Luft über dem Meer empor, wodurch kühlere Luft vom Land aufs Meer hinströmt. Es entsteht ein *ab-landiger* Wind.

Als dritte Einflussgröße (*und es gibt wie gesagt noch eine ganze Palette von Faktoren, die das Windgeschehen hochkomplex machen*) werden Winde durch die Gestalt der Erdoberfläche beeinflusst. Strömen sie zum Beispiel gegen ein Gebirge, so muss der Wind aufsteigen und fällt auf der windabgewandten Seite (Lee) als Fallwind wieder hinab.

Bei diesen Fallwinden unterscheidet man die warmen Fallwinde, wie z. B. den »Föhn« (*Alpen*), den »Chinook« (*Rocky Mountains*) oder den »Zonda«

(*Anden*). Sie haben allerdings für den Seemann keine Bedeutung, weil diese Fallwinde von ihren gebirgigen Höhen auf die Weiten des Landes hinabwehen.

Hingegen gibt es *kalte* Fallwinde, die sehr wohl für Seeleute wichtig sind, weil sie sich aufs Meer hin ausbreiten. Der »Mistral« zum Beispiel (*er düst vom Rhone-Delta über die Côte d'Azur bis nach Korsika & Sardinien*). Oder der »Tramontana« an der ligurischen Küste, der »Elvegust« in den norwegischen Fjorden und die legendäre »Bora« (*ein weiblicher Wind!*) an der dalmatischen Adriaküste. Sie kann dabei Geschwindigkeiten bis zu 250 km/h erreichen.

Über diese »Bora« sagte Karl Marx einst: »Mit der Gewalt eines Tornados überfällt sie die Seeleute und gestattet nur dem Kühnsten, auf Deck zu bleiben. Manchmal tobt sie wochenlang und am heftigsten zwischen der Bucht von Cattaro und dem Südende von Istrien. Der Dalmatiner aber ist von Kindheit an gewöhnt, ihr zu trotzen, er wird hart unter ihrem Atem und verachtet die armseligen Winde anderer Meere.«

»Armselig« für Winde unter 250 km/h ist gut. Und »Tornado« auch. Das ist nämlich ein Luft- und Wasserwirbel mit nahezu senkrechter Drehachse, der umgangssprachlich auch als »Windhose« bekannt ist. Aber Karl Marx war ja nun bekanntermaßen Sozialphilosoph und kein maritimer Windbeauftragter.

Auf jeden Fall wird schon in dieser Basis-Windkunde klar, dass »warme Luft« alles andere als »leeres

Gerede« ist. Im Gegenteil, warme Luft kann schnell anfangen zu brennen und Fahrt aufzunehmen. Und wenn man sich gerade in einem Tief befindet, kann diese »warme Luft« mit bemerkenswerter Geschwindigkeit über einen hereinbrechen.

Wie reimte doch Theodor Storm – der Dichter mit dem windigen Namen – so richtig:

> *»Von drauß' vom Meere komm ich her,*
> *ich muss Euch sagen, es stürmet sehr.*
> *Allüberall auf den Flaggstockspitzen*
> *sah ich kleine Wimpel flitzen.*
> *Und droben aus dem Himmelstor*
> *braust Blitz und Donner mit Stärke hervor.«*

Oder so. Auf jeden Fall ist es gut, dass sich die Brückenkundigen nicht winden, wenn's um Winde geht, sondern sich bestens damit auskennen – auch wie man ihnen aus dem Weg gehen kann. Das geht nämlich. Wie? Das lassen Sie sich am besten bei der nächsten nautischen Fragestunde auf der (*Luft-*)Brücke von den diensthabenden Offizieren selbst erklären.

Windjammer

Es gehört zu den hohen Genussmomenten einer jeden Schiffsreise, die Hände auf das blank polierte Teak der Reling zu legen und den Blick voll innerer Gelassenheit über die unendlich scheinende Weite des Meeres schweifen zu lassen. Dabei zuzuschauen, wie die Sonne gleißende Lichtinseln auf das graue Meer setzt. Oder wie sich gottesfingergleiche Lichtstrahlen ihren Weg durch bewölkte Himmelsdecken suchen. Oder zu staunen, wie in der tief stehenden Abendsonne die leise kräuselnden Wellen am Rumpf des Schiffes goldene Schatten werfen.

Es ist das tief im Innern spürbare Ahnen der Weite, das dem Reisenden auf einem Kreuzfahrtschiff das Herz öffnet. Das Gefühl, über diesen Wasserebenen schweben zu können und einen Hauch von Ewigkeit zu atmen.

Wer dieser Erfahrung von Weite noch eine weitere Dimension hinzufügen möchte, sollte an Bord eines der großen Windjammer gehen: die Royal Clipper als 5-Mast-Rahsegler, die beiden 4-Mast-Schwesterschiffe Star Flyer und Star Clipper sowie die beiden Sea Clouds – oder die Anfang 2018 erstmals in See stechende Flying Clipper.

Sie alle haben mit einer Länge von mehr als 110

Metern eine Größe, die sie über den Verdacht erheben, eine Segel*jacht* zu sein, und sie stattdessen zu ganz besonderen Kreuzfahrtschiffen machen – denen über dem Wind.

Auf ihren Planken zu stehen, während sich hoch über dem staunenden Passagier der atemraubende Dom aus knarzendem Segeltuch wölbt und der Rumpf sich im milden Auf und Ab der Wellen wiegt, lässt Momente der Stille und Harmonie spüren, die man nicht vergisst. Und während der so überwältigte Reisende noch an der Reling steht und staunt, hallt es durch sein Hirn: »Was für ein Sege(l)n!«

Wer sich überdies ins Netz am Bugspriet wagt, schwebt »vor dem Schiff« über dem Wasser – und vernimmt nur das leise Murmeln der Bugwellen unter sich. Und wen der liebe Gott ganz besonders belohnen möchte, den lässt er dabei auch noch erleben, wie eine Schule Delfine mit den Wellen am Bug spielt. Spätestens dann schlägt das Herz höher vor Glück.

Aber auch sonst eröffnen Windjammer andere Dimensionen. Auf ihnen schaut der Reisende nämlich nicht nur in die horizontale Weite, sondern an den schlanken Masten empor – in die Höhe. Das ist allein schon am Tag eine außergewöhnliche Sicht, aber des Nachts wird sie bei sternenklarem Himmel zu einem Erlebnis. Lautlos, unendlich und das Herz in seinem Innersten berührend.

Dann kann man sich wie der kleine Prinz von Antoine de Saint-Exupéry fühlen – als stünde man mit den Füßen auf dem gesamten Globus und rage in den Himmel hinein. Und vielleicht entfernt sich dabei das Bewusstsein vom Verhaftetsein an hölzerne Planken und sieht aus hohen Höhen, wie das Segelschiff über die Weite des Meeres gleitet. Ahnend, dass dieses Meer nichts anderes ist als das irdische Ufer zum weitesten aller Meere – dem All.

Dazu ein kleiner Hinweis: Das Reisen auf Windjammern und auf motorgetriebenen Kreuzfahrtschiffen sollte man nicht miteinander vergleichen. Es sind zwei unterschiedliche Arten des Reisens – vergleichbar etwa mit dem Ballonfahren und dem Fliegen in einem Airbus. Deshalb gilt: Alles zu seiner Zeit – und passend zum Ziel.

Wissensdurst

Ein Seemann muss in vielen Hafenstädten unsrer Welt ein Bier bestellen können. Eine Kenntnis, die auch Passagieren weltweit hilft, Durststrecken an

Land zu beenden. (*Womit der Begriff Wissensdurst eine neue Bedeutung bekommt.*)

Besonders in Ländern, deren Schriftzeichen der Seemann nicht lesen kann, ist das eine Herausforderung. Wie Japan, China, Thailand oder Russland zum Beispiel. Aber auch in Israel oder Griechenland ist es hilfreich, wenn man das Wort zumindest aussprechen kann.

[*Deshalb steht weiter unten in eckigen Klammern die Aussprache von den für das ungeübte Auge schwer entzifferbaren Zeichenkombinationen fremder Zungen.*]

Hier eine kleine Auswahl für das Wort »Bier« aus Ländern, deren Häfen Kreuzfahrtschiffe anlaufen:

Arabisch	بيرة [bayratan]
Chinesisch	啤酒 [píjiǔ]
Dänisch	øl [öl]
Englisch	beer
Estnisch	õlu
Finnisch	olut
Französisch	bière
Griechisch	μπίρα [býra]
Hawaiisch	pia
Hebräisch	הריב [bira]
Indonesisch	bir

Italienisch	{	birra
Japanisch	{	biru
Kroatisch	{	pivo
Lettisch	{	alus
Litauisch	{	alus
Maltesisch	{	birra
Niederländisch	{	bier
Norwegisch	{	øl [öl]
Polnisch	{	piwo
Portugiesisch	{	cerveja
Russisch	{	пиво [pivo]
Samoanisch	{	pia
Schwedisch	{	öl
Spanisch	{	cerveza
Thailändisch	{	beīyr [bia]
Türkisch	{	bira
Vietnamesisch	{	Bia

Und was sagt der Cruiser, wenn er endlich den Gerstensaft in der Hand hält, der in so vielen Sprachen ähnlich klingt? Genau: »Up spirit!« (➤ »Irrglaube«)

Zeit

Notizen eines Reisenden an einem Tag auf See

Zeit gibt es nicht. Sie ist eine menschliche Hilfseinrichtung, um die Gegenwart – die ja immer nur der Zeitraum ist, den man mit dem Wort »jetzt« umschreiben kann – von dem abzugrenzen, was »eben« war und »gleich« sein wird.

Die Ersten, die diesen Zeitraum beschreiben wollten, meinten, die Dauer eines Herzschlags sei eine angemessene Maßeinheit.

Das stimmte auch, nur gab es Leute, denen das zu vage war und die die Länge des »jetzt« präziser beschreiben wollten. Am besten mit einem Anfang und einem Ende für die Spanne zwischen »jetzt« und »jetzt«. Ein Schweizer namens Jost Bürgi erfand deshalb als Erster ein Zeitmessgerät mit einem Zeiger, bei dem der Abstand zwischen »jetzt« und »jetzt« immer gleich lang war. In den Kirchenbüchern schrieb man damals das Jahr 1585, als so die Sekunde geboren war.

Man hatte sich übrigens schon vorher darauf geeinigt, dass von einem Sonnenhöchststand zum nächsten 24 Stunden vergehen würden und dass 1/24-stel eines solchen »Tages« aus 60 Untereinheiten – »Minuten« genannt – bestehen sollte. Tja, und seit jenem Jahr 1585 konnte man ihn dann auch sehen – den herzschlaglangen Zeitraum einer »Sekunde«. Auf jeden Fall glaubten seit diesem Jahr immer mehr Menschen, dass es auch gibt, was man sehen kann. Also die Zeit.

Gut, was sie sahen, war nur eine immer feinere und gleichmäßigere Unterteilung der Zeitspanne von einem astronomischen Großereignis zum nächsten. Aber das war kompliziert und nicht leicht zu verstehen. Und weil auch damals schon leicht fassliche Gedanken differenzierten Erklärungen komplexer Zusammenhänge vorgezogen wurden, verbreitete sich der Gedanke, dass das, was man sah, nicht die Zeit*einteilung* war, sondern die Zeit selbst.

Und die wollte man getrost nach Hause tragen können – als kleine Ausgabe der großen Zeitmessvorrichtungen an den Kirchtürmen. Mit solchen Uhren für die Tasche wurde man unabhängig von den Kirchtürmen und konnte auch in geschlossenen Räumen ablesen, was die zur Stunde dröhnend geschlagen hatten.

Kein Wunder also, dass alsbald der nächste Schritt in den Köpfen der Menschen folgte. Es war das Missverständnis, dass man das, was man sehen konnte, auch »haben« wollte. Gefolgt von der Annahme: Wenn man etwas »haben« könne, müsse es doch auch »mehr« davon geben.

Einige verdrehten diesen Gedanken des Zeitbesitzes und behaupteten, sie *hätten* überhaupt »keine Zeit«

für dieses oder jenes. Das war im Grunde genommen natürlich sehr komisch, weil sie ja nichts anderes behaupteten, als dass sie *nicht* hätten, was es sowieso nicht real gab. Denn »jetzt« ist »jetzt« und »gleich« ist etwas, von dem viele zwar annehmen, in dessen Genuss zu kommen. Doch ist das nicht sicher.

Nun könnte man über dieses Missverständnis natürlich einfach sagen: »Das ist doch alles ein großer Spaß.« Weise und Narren tun das ja auch. Aber die meisten Menschen glauben heute noch daran, dass man Zeit tatsächlich haben könne.

Die Frage jedoch, »was sie damit tun wollen«, stellen sie sich oft erst später in ihrem Leben. Anfangs meinen sie, sie müssten ganz viele Regungen, Erlebnisse und Überlegungen während dieser Einheiten mitmachen, obwohl sie gar nicht wissen, ob all das wirklich wichtig für sie ist. Später dämmert es ihnen, dass unter Umständen nicht mehr allzu viele Einheiten »bleiben«, und es doch viel schöner wäre, wenn sie fürderhin zwischen diesen Momenten von »jetzt« zu »jetzt« ganz andere Dinge tun würden als bisher.

Sich die Welt ansehen zum Beispiel. Oder in der Sonne zu sitzen, über die Reling aufs Meer zu schauen und darüber nachzudenken, ob das Wasser des Meeres sie deshalb so fasziniert, weil sie selbst zu zwei Dritteln aus ihm bestehen?

Es gibt bei solchen Betrachtungen Momente, in denen man merkt, dass das »Jetzt« umso länger dauert, je mehr man eins mit ihm wird und sich von ihm erfüllen lässt. Dann spürt der eine oder andere in sich eine Weite – vergleichbar der des Meeres – und wie sich das »jetzt« zu einem Hauch von Ewigkeit dehnt. Dann spürt er, dass Zeitdauer zunimmt, je mehr man sich von ihr verabschiedet und »Adieu« zu ihr sagt. Was ja nichts anderes heißt als »bei Gott«.

Zen

Kennen Sie das? Sie sitzen zu Tisch in einem guten Restaurant und während allen die servierten Speisen munden, beginnt einer der Mitesser davon zu erzählen, wie er »vor Kurzem wirklich ausgezeichnet gegessen« habe. Und dann zählt er auf, welche Köstlichkeiten kredenzt wurden, welche Weine man ihm dazu servierte und wie grandios danach das Gespräch mit dem Koch war, der sich doch tatsächlich nach getaner Arbeit zu ihm an den Tisch gesetzt habe, um noch ein belebendes Fläschchen Champagner mit ihm zu köpfen.

Der Sinn dieser Übung dient zwei Zwecken: Zum einen reißt der Erzähler damit die Erzählhoheit bei Tisch an sich. Denn die anderen können zu dem Gesagten ja nichts hinzufügen – weil sie nicht dabei waren.

Dass der Erzähler aber vielleicht anderen damit den Appetit verdirbt, stört ihn nicht, denn zweitens spürt auch er die Köstlichkeit der aktuellen Speisen nicht.

Das hört sich widersprüchlich an? Keineswegs. Viele Menschen können den Augenblick nicht genießen. Sie trauen sich nicht, alle Rezeptoren auf Empfang zu stellen, sich ganz dem Genuss des Seins hinzugeben. Der Grund: Sie vermeiden diese Öffnung, weil sie befürchten, dass just im ungeschützten Moment des Genießens von irgendwo ein Schlag herkomme, der sie umso tiefer treffe und verletze, je offener sie wären. Böse Zungen nennen diese Haltung die »neurotische Auster«.

Aber ob diese Haltung psychologisch erklärbar ist, soll hier gar nicht erörtert werden. Wohl aber soll folgender Gedanke in den Raum gestellt werden: Ist eine Kreuzfahrt auf einem strahlend weißen Dampfer in der Weite der dunkelblauen See samt hellem Sonnenschein nicht der genau richtige Ort, um mal etwas anders zu machen? Nämlich das »Jetzt« zu genießen. Denn wo ginge es besser als in der geschützten Atmosphäre einer Kreuzfahrt?

Schließlich kennt einen niemand, wenn man zum ersten Mal an Bord dieses Schiffes ist. Da ist man völlig frei, das Nichtstun in vollen Zügen zu genießen. Eine andere Rolle auszuprobieren. Eine Haltung einzunehmen, die man immer schon mal verkörpern wollte.

Denn auf einer Kreuzfahrt geht es um nichts –

außer um Sie. Damit ist nicht gemeint, dass alle an Bord nach Ihrer Pfeife tanzen müssen. Sondern dass Sie die Reinheit der Luft, die Frische des Augenblicks und die herrliche Atmosphäre des »Jetzt« genießen.

Vergessen Sie dabei nicht: Die Vergangenheit kann man nicht mehr ändern. Die war, wie sie *war*. Aber sie war. Wenn Sie das Gefühl haben, Sie hätten etwas falsch gemacht, machen Sie es *jetzt* richtig. Denn einzig und allein die Gegenwart ist der richtige Zeitpunkt, um anders zu handeln.

Und falls Sie Befürchtungen für die Zukunft hegen, so ist auch nur die Gegenwart der richtige Zeitpunkt, am Steuerrad zu drehen und den Kurs zu ändern.

Das erscheint uns meistens theoretisch als »selbstverständlich«. Aber das Handeln – und Fühlen – überspringt oft diese theoretische Selbstverständlichkeit. Erst wenn man das »Prinzip Jetzt« ganz tief drinnen verstanden hat, wird alles sehr einfach. Eine Einsicht, von denen Zen-Mönche immer wieder berichten.

Um zu dieser Erkenntnis zu gelangen, braucht der eine den Weg der Meditation im Kloster. Der andere findet zu ihr auf einem Deckchair im Sonnenlicht, während er versonnen auf die Weite des dunkelblauen Meeres schaut.

Einen Versuch ist's mehr als wert.

Anhang

Zum Glück

Spannendes zur Entspannung

Ent-spannung ist das Gegenteil von An-spannung – nicht von Spannung! Spannung brauchen wir als Menschen nämlich. Zum einen, damit unsere Muskeln nicht erschlaffen und wir nicht zu einem Häuflein Biomasse zusammensacken. Zum anderen, um mit Wachheit und Achtsamkeit die Welt erleben zu können. Ohne geistige Spannung stellt sich Schlaf ein. Auch etwas Schönes und Sinnvolles, aber hier gerade nicht gefragt.

An-spannung zielt auf die maximale Höchstleistung der Sinne und des Körpers. Sie verhindert, dass der Mensch Neues aufnehmen und Energie fließen kann. Denn Anspannung ist eine von innen nach außen gerichtete Haltung – wie sie beim Kampf gebraucht wird. Oder bei der Flucht. Ist An-spannung eine Dauerhaltung im Leben, führt sie zu Verhärtungen – in Körper und Geist. Man ver-spannt.

Ent-spannung hingegen ist ein aktiver Vorgang. Körper und Geist haben ihre Grundspannung, sind aber bereit, Neues zu betrachten, aufzunehmen und einzusortieren – also zu integrieren.

Wann gäbe es einen besseren Zeitpunkt, der Entspannung zu folgen, als im Urlaub. Und hier bietet sich ein Seetag als geradezu ideal an.

Glücksübung für Seetage

Machen Sie es sich auf einem Deckchair gemütlich, schließen Sie die Augen und rufen Sie sich die anschließend beschriebenen zehn positiven Gefühle in Erinnerung. Es ist eine kleine Übung, die das Gefühl des Glücklichseins trainiert.

Das kann nämlich tatsächlich geübt werden. Unvorstellbar? Gar nicht: Wie die weltweite Glücksforschung zeigt, ist Glücklichsein nicht eine Folge *äußerer Faktoren*, sondern eine *innere Haltung, die erlernbar* ist – ohne sich verstellen oder verbiegen zu müssen. In unserem Körper sind eigene Schaltungen für Freude, Lust, Euphorie und andere positive Gefühle angelegt. So wie wir mit der Fähigkeit, sprechen zu lernen, auf die Welt kommen, sind wir auch für gute Gefühle ausgestattet. Je öfter diese Neuronenschaltungen angeregt werden, umso sicherer entsteht eine dauerhafte Verbindung. Ein Vorgang, den man »lernen« nennt. Und dafür ist Wiederholung wichtig!

Negative Gefühle wie Wut, Ekel oder Angst verengen die Aufmerksamkeit wie in einem Tunnel auf den Ausgang – weil jedermann letztlich möchte, dass solche Gefühle vorbeigehen. Die im Folgenden genannten »Zehn positiven Gefühle« hingegen laden zum Verharren darin ein und *erweitern* dabei den Blick. Auf die Schönheit des »Jetzt«.

Und das Faszinierende daran ist: Diese zehn Gefühle können ihre wohltuende Wirkung bereits entfalten, wenn wir sie nur aus der Erinnerung aufrufen. Deshalb können Sie die Übungen auch zu Hause machen. Sie müssen sich die entsprechenden Situationen an Bord einfach vorstellen.

So. Jetzt geht's los:

Übung 1

Freude

Sie sitzen auf einem Deckchair an Bord Ihres Lieblingsschiffes. Die Sonne scheint Ihnen auf die Nasenspitze, das Meer ist weit. Die Maschinen brummen. Ein leises Lüftchen weht. Das Schiff fährt ruhig dahin. Niemand stört Sie. Alles geht seinen Weg, und zwar besser, als Sie erwartet haben. Sie müssen nicht viel dazu tun. Es läuft. Und Sie freuen sich darüber. Spüren Sie dieses leichte Glucksen der Freude im Bauch. Das Gefühl, ein bisschen zu schweben. Ihr Gesicht

erhellt ein Lächeln. Sie fühlen sich leicht und ver-
spielt.

Wenn Sie dieses Gefühl noch deutlicher spüren
wollen, lächeln Sie zu dieser Vorstellung. Lassen Sie
die Lachfalten auch Ihre Augen einschließen. Genießen Sie dieses Gefühl. Nehmen Sie es mit. Sie können
sich jederzeit und an jedem Ort immer wieder daran
erinnern.

Übung 2

Dankbarkeit

Stellen Sie sich vor, Sie erkennen, dass sich ein anderer Mensch richtig ins Zeug gelegt hat, um Ihnen etwas Gutes zu tun. Der Philippino, der sich Tag für Tag
anstrengt, Ihre Kabine wohnlich und schön zu machen. Oder die junge Frau an der Rezeption, die Ihnen
für einen Landausflug einen wirklich tollen Tipp gegeben hat.

Sie können auch Dankbarkeit empfinden für die
saubere Luft, die Sie an Bord atmen; für Ihre Gesundheit und die Ihrer Familie oder für ein weiches, frisch
bezogenes und gut duftendes Bett in Ihrer Kabine,
wenn Sie müde sind.

Dankbarkeit entsteht, wenn wir etwas schätzen,
was wir von einem anderen ohne Gegenleistung als
Geschenk bekommen haben. Es ist ein angenehmes

Gefühl vermischt mit Freude und herzlicher Wertschätzung. Dankbarkeit hat nichts mit Etikette zu tun – oder der Annahme, einem anderen verpflichtet zu sein. Dankbarkeit kommt von Herzen. Einfach so.

(Wer den Gedanken der Dankbarkeit aufgreifen will und vom erlebten Gefühl zur Tat schreiten möchte, kann sich dem »pay it forward day« aus Australien anschließen – payitforwardday.com. Danach revanchiert man sich nicht bei demjenigen, der einem etwas Gutes getan hat, sondern tut drei anderen Menschen seiner Wahl ebenfalls etwas Gutes.

Die Idee dahinter: Wenn das viele Menschen tun, breitet sich ein Teppich der Dankbarkeit über unsere Welt aus. Eine schöne Vorstellung!)

Übung 3

Gelassenheit

Gelassenheit tritt wie Freude in Momenten auf, in denen die Umgebung sicher und vertraut ist. Stellen Sie sich wieder Ihr Lieblingsschiff vor. Sie sitzen in Ihrem Deckchair, schauen auf das im Sonnenlicht gleißende Wasser. Und Sie lassen einen langen und tiefen Seufzer los, weil Ihre gegenwärtigen Lebensumstände so überaus angenehm sind.

Gelassenheit überkommt Sie auch, wenn Sie im Herbst mit einer schönen Tasse Tee, Ihre Katze auf den Knien, einen Schmöker lesen, den Sie schon lange lesen wollten.

Ahnen Sie, um was es beim positiven Gefühl »Gelassenheit« geht? Wenn Sie Yoga machen, kennen Sie es als das In-die-Matte-Einsinken der klassischen Abschlusshaltung »Savasana«.

Gelassenheit ist im Gegensatz zur Freude ruhiger. Gelassenheit ist wie ein Nachglühen anderer positiver Emotionen wie Freude, Stolz auf eine erbrachte Leistung oder Bewunderung. Sie fühlen Gelassenheit, wenn Sie sich sagen: »DAS müsste ich öfter machen!« Sie lehnen sich dabei zurück und nehmen die Situation mit allen Poren auf.

Übung 4

Interesse

Obwohl Sie sich sicher und geborgen fühlen, zieht etwas Neues und Andersartiges Ihre Aufmerksamkeit auf sich. Es erfüllt Sie mit dem Gespür für neue Möglichkeiten, vielleicht sogar mit dem Duft von etwas Geheimnisvollem.

Im Gegensatz zu Freude und Gelassenheit verlangt

dieses Gefühl Aktivität und Aufmerksamkeit von Ihnen. Sie sind fasziniert. Nicht nur so ein bisschen, nach dem Motto »man könnte mal«, sondern Sie sind richtig angezogen von dem, was Sie interessiert. Sie wollen es ent-decken – also die Decke lüften, die es verhüllt, um es zu verstehen. Wenn Sie sich so für etwas interessieren, fühlen Sie sich offen und lebendig. Sie fühlen buchstäblich, wie sich Ihr Horizont erweitert.

Stellen Sie sich eine solche Situation vor. Vielleicht bei einem Landgang: Etwas hat Ihre Aufmerksamkeit erregt, schlägt Sie in seinen Bann. Sie sehen ein wundervolles altes Gebäude, wo ein alter Mann in einer kleinen Werkstatt sitzt, eine Pfeife raucht und dabei ein Handwerk ausübt, das Sie noch nie gesehen haben. Seine Geschicklichkeit fasziniert Sie und Sie fragen sich, was er da nur macht. Und was am Ende dabei herauskommt.

Spüren Sie diesem Gefühl nach. Es fühlt sich lebendig an. Sie fühlen sich lebendig.

Übung 5

Hoffnung

Obwohl die meisten positiven Gefühle damit einhergehen, dass man sich sicher und in Frieden fühlt, ist

Hoffnung eine Ausnahme. Wenn alles seinen Weg ginge, wie es sollte, bräuchte man nicht zu hoffen. Hoffnung kommt ins Spiel, wenn die Dinge nicht gut laufen oder es beträchtliche Ungewissheit gibt, wie sich die Dinge entwickeln.

Doch Hoffnung in verzweifelten Situationen heißt, das Schlimmste zu befürchten, aber sich nach dem Besseren zu sehnen.

Tief im Zentrum jeder Hoffnung ist der Glaube, dass sich Dinge ändern können. Egal, wie schrecklich oder ungewiss sie im Moment sind. Möglichkeiten dafür gibt es immer. Hoffnung hält einen aufrecht. Sie motiviert, Ihre eigenen Fähigkeiten zu erschließen und mit Erfindungsreichtum die Dinge zu drehen.

Und hoffen wir letztlich nicht alle, bald wieder eine Kreuzfahrt machen zu können?

Übung 6

Stolz

Stolz gehört zu den sogenannten selbstbewussten Emotionen. Als eine der sieben Todsünden hat er einen schlechten Ruf. Man sagt, Stolz mache die Leute aufgeblasen. Oder auch: »Hochmut kommt vor dem Fall.«

Jede Emotion kann zu weit gehen. Natürlich auch

der Stolz. Aber wenn Stolz auf eine konkrete Leistung bezogen wird und gemischt ist mit Demut und Bescheidenheit, gehört er zu den positiven Emotionen. So ist es gut, wenn ein Handwerker stolz auf seine Arbeit ist. Oder Eltern stolz darauf, dass sie sich mit ihren Kindern gut verstehen.

Stolz tritt auf, wenn Sie in eine Sache oder ein Projekt Mühe und Anstrengung gesteckt haben und am Ende erfolgreich sind. Zum Beispiel weil Sie es geschafft haben, sich auch dieses Jahr wieder eine Kreuzfahrt leisten zu können. Oder wenn Sie ein in diesem Jahr selbst gestecktes Ziel erreicht haben. Oder wenn Sie erkennen, einen besonderen Platz im Ansehen eines anderen Menschen einzunehmen – durch Ihre Hilfe, Freundlichkeit oder Ihren Rat.

Stolz geht übrigens einher mit dem Drang, die Neuigkeit Ihres Erfolges anderen mitzuteilen. Durch Worte und Gesten – wie einen aufrechten Gang oder das sogenannte »Siegerlächeln«. Stolz befeuert unsere Motivation, etwas zu erreichen.

Erinnern Sie sich, was Sie stolz gemacht hat? Gönnen Sie sich dieses Gefühl. Vielleicht fällt Ihnen auch ein, wozu Sie Ihr Stolz auf eine erbrachte Leistung inspiriert hat?

Vergnügen

Manchmal passiert irgendwas, das Sie zum Lachen bringt. Sie versprechen sich und sagen »Danke und Tschüss fürs Mitnehmen«. Ein Freund kostet Ihre neueste Kochkreation und zieht ein komisches Gesicht. Lachen ist ein Mysterium, weil man den Grund, weshalb man lacht, nicht fassen kann. Und auch gar nicht soll. Denn Lachen dient nicht der Konzentration *auf* einen Punkt, sondern der Befreiung von einem Punkt. Auf Französisch: »point«, eingedeutscht »Pointe«.

Es gibt einige Elemente, die allem Vergnügen innewohnen. Erstens: Vergnügen ist sozial. Obwohl wir manchmal auch allein auflachen können, ist das nicht zu vergleichen mit dem ansteckenden Gelächter, das einen herrlichen Abend mit Freunden ausmacht. Tatsächlich ist nämlich Lachen – wie Gähnen – »hoch ansteckend«. Und das ist gut so.

Zweitens: Überraschende Wendungen, die ja den Witz einer Situation oder Erzählung ausmachen, sind nur dann komisch, wenn sie in eine sichere Situation eingebettet sind.

Und drittens: Per Definition ist Vergnügen »unseriös«. Tief empfundenes Vergnügen geht einher mit einer nicht unterdrückbaren Lust zu Lachen und teilt seine Fröhlichkeit gerne mit anderen. Es signalisiert, dass Sie Ihre Situation als leicht und sicher erleben und Sie es mögen, sich mit anderen verbunden zu fühlen.

Wann haben Sie das letzte Mal von Herzen gelacht? Worüber? Erinnern Sie sich daran und an das Gefühl, dass Sie erfüllt hat. Allein die Erinnerung kann erneut ein Lächeln in Ihr Gesicht zaubern.

Übung 8

Inspiration

Sie erleben Inspiration, wenn Ihnen besondere menschliche Leistungen begegnen. Dabei gehen Sie über das Normale hinaus und sehen bessere, größere Möglichkeiten als die üblichen.

Wenn Sie sich inspiriert fühlen, ist Ihre Aufmerksamkeit gefesselt, Ihnen wird warm ums Herz und Sie fühlen sich geradezu aufgesogen. Inspiration fühlt sich nicht einfach nur gut an. Sie zwingt Sie dazu, Ihr Bestes zu geben, um dadurch eine höhere Ebene zu erreichen.

Sie können Inspiration erleben, wenn Sie großartige Wolkenformationen am Amazonas bewundern. Oder sehen, wie das letzte Sonnenlicht des Tages goldene Schatten wirft auf die gekräuselten Wellen am

Rumpf Ihres Schiffes. Oder wenn Sie – an Land – ein gutes Fußballspiel sehen, das Sie durch seine flotten Spielzüge beflügelt.

Gemeinsam mit Dankbarkeit und Bewunderung wird Inspiration zu den Emotionen gerechnet, durch die wir über uns hinauswachsen. Inspiration zieht uns aus der Schale der Ich-Bezogenheit heraus. Sich mit anderen zu vergleichen und von der besseren Leistung anderer inspirieren zu lassen ist per se eine positive Haltung. Denn man könnte ja auch mit Neid auf den anderen reagieren. Aber Sie entscheiden sich, Ihr Herz zu öffnen.

Wodurch haben Sie sich das letzte Mal inspirieren lassen?

Übung 9

Bewunderung

Bewunderung ist nah verwandt mit der Inspiration. Grenzen verschwinden und Sie fühlen sich als Teil von etwas, das größer ist als Sie selbst. Sie fühlen sich versucht, die schiere Größe dessen, was Sie bewundern, in sich aufzunehmen.

Manchmal kann die Natur eine solche intensive Faszination auf uns ausüben. Eine Nacht unter einem sternenklaren Himmel an Bord eines Rahseglers zum

Beispiel. Sie schauen empor und erleben die ungeheure Weite des Weltalls. Sie können es mit seinen Millionen Sternen fast körperlich spüren.

Auch ein nächtliches Bad unter sternenklarer Nacht im Bordpool kann diese Weite spüren lassen. Oder das schwindende Sonnenlicht, das die Dächer der Shwedagon-Pagode in Yangon zum rotgoldenen Glühen bringt.

Kennen Sie dieses Gefühl? Erinnern Sie sich daran.

Übung 10

Liebe

Es hat einen Grund, dass das Gefühl der Liebe hier als letztes genannt wird. Denn Liebe ist nicht ein einziges Gefühl, sondern die Summe aus allen anderen positiven Gefühlen. Wenn wir diese Gefühle zusammen in einer sicheren und als nahe erlebten Partnerschaft spüren, dann nennen wir es Liebe.

In der Anfangszeit einer Beziehung sind wir zutiefst *interessiert* an allem, was das »Du« sagt und tut. Man teilt sein *Vergnügen* und gemeinsames Lachen miteinander. Wenn sich die Beziehung entwickelt und vielleicht sogar die anfänglichen Erwartungen übersteigt, erlebt man große *Freude*. Man teilt seine *Hoffnung* auf eine gemeinsame Zukunft mit dem anderen. Wenn sich die Beziehung noch weiter entwickelt, erwächst aus der gegenseitigen Liebe eine tiefe *Gelassenheit*. Man ist *dankbar* für die Freuden, die einem der Partner schenkt, *stolz* auf das gemeinsam Erreichte, *inspiriert* von den guten Eigenschaften des anderen und vielleicht sogar mit *Bewunderung* erfüllt, dass höhere Mächte Sie beide zusammengebracht haben.

Liebe so zu beschreiben kann den Blick schärfen, sie als etwas Fließendes, Wachsendes und Facettenreiches wahrzunehmen – und nicht nur als Begriff für eine emotionale Beziehung zu einem Partner, Ihren Eltern oder Ihrem Kind.

Zum Schluss eine kleine Abgrenzung: Die Energie positiver Gefühle wahrzunehmen hat nichts mit dem optimistischen Wunschdenken des in vielen Motivationstrainings propagierten »positiven Denkens« zu tun.

»Positives Denken« zielt im Kern darauf ab, dass man durch konstante positive Beeinflussung seines bewussten Denkens eine dauerhaft konstruktive und optimistische Grundhaltung erreicht und infolgedessen eine höhere Zufriedenheit und Lebensqualität erzielt. Manchmal nimmt der Glaube dabei eine zentrale Stellung ein. Allerdings handelt es sich hierbei nicht in erster Linie um einen religiös motivierten und transzendental ausgerichteten Glauben, sondern um die Überzeugung, dass Dinge, die ein Mensch für wahr hält, die Tendenz haben, sich in seinem Leben zu verwirklichen. Dennoch ist die Grenze zur Esoterik oft fließend.

Die eigene »Positivität« zu entdecken, zu trainieren und zu entwickeln ist dagegen ein aktiver, gestalterischer Prozess, der die Energie selbst erlebter positiver Gefühle aufnimmt und immer wieder in Erinnerung ruft, um ein offeneres Denken und (Mit-)Fühlen zu erreichen.

Wenn Sie mögen, erweitern Sie die beschriebenen Gefühle durch eigene Erinnerungen und rufen Sie damit Ihre ganz persönlichen positiven Emotionen ab, wann immer Sie mögen – an Deck, in der Mittagspause, an der Bushaltestelle. Sie werden sehen, sie (und Sie) entwickeln sich und wachsen. Und: Das Leben macht mehr Spaß. Deshalb stehen diese Übungen auch hier, in diesem Buch über Kreuzfahrten. Denn diese Übungen sollen Ihnen durch Ihre Kreuzfahrt Zugang zu einer nachhaltigen Energiequelle ebnen.

In diesem Sinne: »Gute Reise!« – auf Ihrem Schiff und dem Weg zu Ihren positiven Emotionen.

* Wenn Sie mehr zu diesem Thema lesen wollen, ist als Einstiegslektüre in die moderne Glücksforschung folgendes Buch der amerikanischen Psychologieprofessorin sehr empfehlenswert:

Barbara L. Fredrickson, »Positivity«, Oxford: Oneworld Publication

Auf Deutsch:

Barbara L. Fredrickson, »Die Macht der guten Gefühle«, Campus Verlag 2011

Kreuzfahrträtsel
(die Auflösung)

1. Auf steinernem Deich sieht man ihn nie, dafür auf grünem Hügel.

Der Fliegende Holländer
Diese Oper von Richard Wagner wird immer wieder in Bayreuths Festspielhaus auf dem grünen Hügel aufgeführt.

2. Mit Gretel haben diese Rituale nichts zu tun, wohl aber mit einer feinen Kaufmannsvereinigung.

Hänseln (verwandt mit der Hanse im Sinne von Gefolgschaft) Im Mittelalter bedeutete dieses Verb, jemand in eine Körperschaft aufzunehmen, wobei der Betreffende allerlei zu erdulden hatte und Mutproben ablegen musste. In abgewandelter Form wurde der Brauch in das Seemannsleben übernommen (z. B. bei der Äquatortaufe) und auch der Begriff ging in die Seemannssprache ein.

3. Meist hängt er. Aber wenn er losgelassen, besteigen ihn so viele, wie's nur geht.

Der Tender

Das Beiboot, mit dem die Passagiere an Land gebracht werden, wenn das Schiff auf Reede oder vor Anker liegt.

4. Sein Gegenteil reimt sich auf See.

LUV

Das ist die Richtung, aus der der Wind kommt. Nach Lee – auf die See – weht er hin. Das ist also die dem Wind abgekehrte Seite.

5. Ihn braucht man zwar für vieles, aber wer ihm mit seinem Schiff begegnet, kann einpacken.

Der Grund

Ihn braucht man in der Tat, wenn man jemanden überzeugen will. Berührt jedoch das Schiff den Grund, bricht beim Kapitän der Schweiß aus und er unternimmt alles, um den Kahn wieder flottzukriegen.

6. Sie gibt's auf Steuer- und Backbord und lässt tief blicken.

Die Nock

Sie ragt auf beiden Seiten der Brücke weit über die

Schiffsbreite hinaus, damit der Kapitän beim Anlegen von dort oben sehen kann, wann – tief unten – der Rumpf am Kai anliegt.

7. Er lässt sich vom Winde verwehen.

Der Verklicker
Der Verklicker ist ein kleines Band oder Fähnchen, das üblicherweise gut sichtbar am Mast eines Segelbootes befestigt wird, um die Windrichtung anzuzeigen (umgangssprachlich: jemandem etwas »verklickern« = jemanden ins Bild setzen).

8. Wenn sein Tuch sich bläht, jammert keiner.

Der Windjammer
Das sind die feinen Großsegler à la Gorch Fock, Royal Clipper oder Sea Cloud, die bei Seeleuten ebenso wie bei Passagieren das Glänzen der Begeisterung ins Antlitz zaubern.

9. Er ist nicht der Richtige, tut aber gerne so, damit es den Richtigen nicht nervt.

Der Staff-Kapitän
Er ist der Offizier, der dem Kapitän repräsentative Pflichten abnimmt.

10. Sie muss man sich vom Hals halten, wenn man über Bord geht.

Die Rettungsweste
Sie muss man in der Tat mit beiden Händen vom Hals weghalten, wenn man über Bord springen muss, damit einem die Styropor-Weste beim Aufkommen aufs Wasser nicht unters Kinn schlägt.

11. Nager-Hemmungen heißen richtig …

Rattenbleche
Sie werden im Hafen auf die Taue gesteckt, mit denen das Schiff an den Pollern festgemacht ist. Sie verhindern, dass Ratten auf den Tauen an Bord balancieren können.

12. Sie können die Nager-Hemmungen nicht zurückhalten.

Wir Landratten, die wir es lieben, an Bord gehen zu können.

13. Hier liegt sie* an der Kette. Koste es, was es wolle – aber das tut es meist gar nicht.

Auf Reede
Wenn der Hafen voll ist, die Liegegebühren der Reede-

---

* (»sie« – Schiffe sind immer weiblich)

rei zu hoch oder der Tiefgang des Schiffes ein Einlaufen in den Hafen nicht zulässt, bleibt das Schiff auf See vor dem Hafen liegen und ankert dort. Die Passagiere werden von dort mit Tenderbooten an Land gebracht.

14. Er ist sehr umtriebig und bringt sie voran. Bei jedem Wetter.

Der oder die Propeller des Schiffes
Sie sind für jedes Schiff, das einen bestimmten Plan einhalten will, unerlässlich, denn nur mit Motorantrieb lassen sich die Häfen pünktlich erreichen.

15. Er ist ein Beirat mit feuchten Ortskenntnissen.

Der Lotse
Er berät den Kapitän bei schwierigen Passagen ebenso wie bei der Einfahrt in den Hafen. Selbst rührt er das Ruder aber nicht an, weil er eben nur in beratender Funktion an Bord ist.

16. Er geht über Bord, wann immer er soll. Und er soll regelmäßig!

Oscar
Das ist ein schwimmfähiger Dummy, der für die Übung »Mann über Bord« tatsächlich über die Reling fliegt und im Rahmen dieses Manövers wieder an Bord

geholt werden muss. Sein Name beginnt mit »O«, weil im Flaggenalphabet die Flagge O »Mann über Bord« bedeutet.

17. Ihm gehen eigentlich alle aus dem Weg, aber ohne ihn kommt man nicht an Deck.

Der Niedergang

So heißen die schmalen, steilen Treppen an Bord, durch die der Seemann unter Deck gelangt. Und wieder hinauf. Und zum Niedergang eines Unternehmens oder einer Dynastie brauchen wir nichts zu erklären. Oder?

18. Er schwamm im Weidekörbchen und ist danach immer der Jüngste geblieben.

Moses

Der Legende nach wurde Moses als Säugling von der Tochter des Pharao gefunden, als er von seiner Mutter in einem Weidekörbchen auf dem Nil ausgesetzt wurde, um den Häschern des Pharao zu entkommen. Moses ist aber auch der Name für den Schiffsjungen an Bord.

19. Wenn das Wasser durch sie rinnt statt strömt, möchte jeder Kapitän ganz weit weg sein.

Die Fahrrinne

Sie ist ein enges, durch Tonnen oder Stangen gekennzeichnetes Fahrwasser durch ein breites, aber nur flaches Gewässer. Rinnt das Wasser nur durch sie, sitzt das Schiff auf Grund. Ein Albtraum für jeden Seemann.

Welche Themen Sie
in Band 1 finden

Dank

Im Kapitel »Zum Glück« (Seite 279) steht unter Dankbarkeit: »*Dankbarkeit entsteht, wenn wir etwas schätzen, was wir von einem anderen ohne Gegenleistung als Geschenk bekommen haben. Dankbarkeit hat nichts mit der Annahme zu tun, einem anderen verpflichtet zu sein. Dankbarkeit kommt von Herzen. Einfach so.*«

Genau das habe ich auf den Planken, die die Welt umrunden, sehr oft empfinden dürfen. Denn dort bin ich grandiosen Menschen begegnet, die über sich selbst lachen konnten und zu ihren kleinen und großen Macken und Malheurs stehen.

Stellvertretend für alle möchte ich Daniel Felgner, Heidrun von Gössel und Gerd Jacobs danken, die mir aus ihrem reichhaltigen Kreuzfahrt-Erlebnis-Schatz besondere Trouvaillen erzählt haben.

Ebenso Ralf Gogolin, Monika Bordt, Hartmut Kiehne, Jürgen Niemann, Daniela Banholzer, deren eigene Erlebnisse echt zu komisch sind. Ich hoffe, sie alle finden ihre Geschichten im Text wieder und können von Herzen darüber lachen.

Besonders möchte ich eine Lanze für die Crews brechen. Gerade unter ihren Mitgliedern bin ich vielen bemerkenswerten Menschen begegnet, die ihre ganze Arbeitskraft dafür einsetzen, dass ihre Gäste eine herrliche Zeit auf See verbringen können.

Diesen Crews – von herrlichsten Windjammern über stimmungsaufhellende Vergnügungsdampfer bis zu Linienschiffen auf dem Atlantik – sei von Herzen gedankt. Für die vielen Tausend Seemeilen, die ich mit ihnen zurücklegen durfte. Für die lehrreichen Informationen, die sie mir mit engelhafter Geduld gegeben haben. Für die höchst aufmerksamen Beobachtungen, an denen sie mich teilnehmen ließen – und für ihren Humor, mit dem sie ihrer Arbeit nachgehen. Danke auch an: Felix Uhlig von der Facebookseite »Schläft die Crew eigentlich an Bord?«, an Franziska, Kristin, Alexandra, Janina, Caroline, Jette, Rita, Tim, Tine, Kevin, Sarah, Julia, Nadine, Tina, Matthias und Antja.

Die Crews sind es, die das Reisen auf See zu einer Top-Reiseerfahrung machen und dafür verantwortlich sind, dass Kreuzfahrten so beliebt sind wie nie zuvor.

Im Verlag danke ich Ulla Brümmer für das kongeniale Cover des neuen Bandes, Elisabeth Reith für die feinsinnige Gestaltung der Seiten und Stephanie Kratz für das verständnisvolle Lektorat.

Und last but not least gilt mein Dank den beiden Passagieren, mit denen ich am liebsten über die sieben Weltmeere kreuze – meiner Frau und meinem Sohn Max.

Ihnen allen meinen Dank und ein immerwährendes, salzhaltiges und von Herzen kommendes »Ahoi!«.

MIX
Papier aus verantwor-
tungsvollen Quellen
FSC® C083411

Verlag Kiepenheuer & Witsch, FSC®-N001512

1. Auflage 2017

© 2017, Verlag Kiepenheuer & Witsch, Köln
Alle Rechte vorbehalten. Kein Teil des Werkes darf
in irgendeiner Form (durch Fotografie, Mikrofilm
oder ein anderes Verfahren) ohne schriftliche
Genehmigung des Verlages reproduziert oder unter
Verwendung elektronischer Systeme verarbeitet,
vervielfältigt oder verbreitet werden.
Umschlaggestaltung: Rudolf Linn, Köln
Umschlagmotiv: © www.schiffsplakate.de
Autorenfoto: © Frank Lübke
Gesetzt aus der Aldus und Gabriola
Satz: Felder KölnBerlin
Druck und Bindung: CPI books GmbH, Leck
ISBN 978-3-462-05023-3

Teil 1 des erfolgreichen Kreuzfahrt ABCs

Andreas Lukoschik. Schläft das Personal auch an Bord?
Ein Kreuzfahrt ABC. Taschenbuch. Verfügbar auch als E-Book

Mehr als eine Million Deutsche verbringen »die kostbarsten Wochen des Jahres« auf See. Mit steigender Tendenz. Warum? Weil es amüsant ist. Und aufregend. Und einfach schön. Genießen Sie unterhaltsame und informative Geschichten von Bord größerer und weniger großer Pötte. Kleinere Malheure und größere Fauxpas. Wohlportioniert und alphabetisch geordnet. Ein Muss für Kreuzfahrtfans und solche, die es werden wollen.

Ein Kommissar, der nicht lügen kann –
Leander Lost ermittelt in Portugal

Gil Ribeiro. Lost in Fuseta. Roman. Klappenbroschur.
Verfügbar auch als E-Book

Das Septemberlicht an der Algarve ist von betörender
Weichheit. Am Flughafen von Faro nehmen Sub-Inspekto-
rin Rosado und ihr Kollege Esteves einen schlaksigen Kerl
in schwarzem Anzug und mit schmaler Lederkrawatte in
Empfang: Leander Lost, Kriminalkommissar aus Hamburg,
für ein Jahr in Diensten der Polícia Judiciária. Eine Teambil-
dung der besonderen Art beginnt ...

Kiepenheuer & Witsch

Leseproben und mehr unter www.kiwi-verlag.de

Kirsten Wulf. Sommer unseres Lebens. Roman. Taschenbuch. Verfügbar auch als E-Book

In jeder Fünfzigjährigen steckt eine Fünfundzwanzigjährige, die sich fragt, was passiert ist

Miriam, Hanne und Claude lernen sich zufällig auf einer Reise nach Portugal kennen. Sie sind 25 Jahre alt und verbringen an einem Atlantikstrand den Sommer ihres Lebens. Am letzten Abend versprechen sie sich: »Egal, was passiert – zum 50. Geburtstag sind wir wieder hier.« Und plötzlich ist es so weit. Werden sie ihr Versprechen halten?

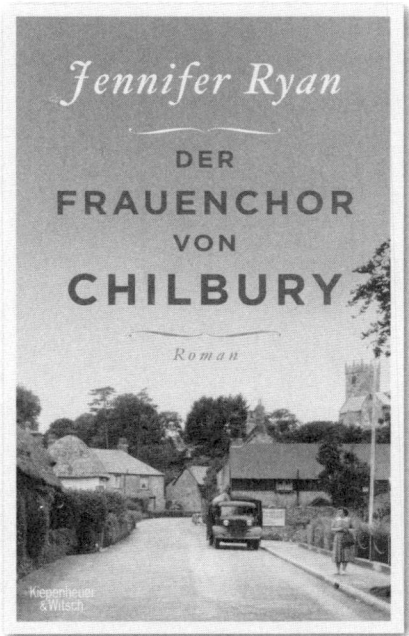

Jennifer Ryan. Der Frauenchor von Chilbury. Roman.
Gebunden. Verfügbar auch als E-Book

Die bewegende Geschichte couragierter Frauen, die ihre
eigene Stimme entdecken

Frühjahr 1940, im Südosten Englands. Während die Männer der Ortschaft Chilbury an die Front ziehen, bleiben die
Frauen zurück – und schöpfen aus ihrer gemeinsamen Liebe zur Musik die Kraft, ihr Schicksal in die eigene Hand zu
nehmen ...

Kiepenheuer
& Witsch

Ein großer historischer Abenteuer-
roman vom Spiegel-Bestsellerautor

Tom Hillenbrand. Der Kaffeedieb. Roman. Gebunden.
Verfügbar auch als E-Book

Wir schreiben das Jahr 1683. Europa befindet sich im
Griff einer neuen Droge. Ihr Name ist Kahve. Sie ist im-
mens begehrt – und teuer, denn die Osmanen haben
das Monopol darauf. Und sie wachen streng darüber.
Aber ein junger Engländer hat einen waghalsigen Plan:
Er will den Türken die Kaffeebohnen abluchsen ...

Geheimnisvolle Cevennen

Anne Chaplet. In tiefen Schluchten. Ein Kriminalroman
aus dem Süden Frankreichs. Taschenbuch. Verfügbar auch
als E-Book

Am Fuße der Cevennen in der wilden Landschaft des Vivarais
lebt Tori Godon, ehemalige Anwältin, 42 Jahre und frisch
verwitwet. Als ein Urlaubsgast und Höhlenforscher ver-
schwindet, folgt sie seinen Spuren. Dabei stößt sie auf rätselhafte Hinweise, die in längst vergangene Zeiten führen,
in denen Hugenotten in der Gegend Zuflucht fanden. Welchen Geheimnissen war der Forscher auf der Spur und was
hat das mit der Geschichte des Dorfes zu tun?

Machen Sie Urlaub an der Côte d'Azur mit Kommissar Duval

Christine Cazon. Mörderische Côte d'Azur. Der erste Fall für Kommissar Duval. Taschenbuch. Verfügbar auch als E-Book

Christine Cazon. Intrigen an der Côte d'Azur. Der zweite Fall für Kommissar Duval. Taschenbuch. Verfügbar auch als E-Book

Christine Cazon: Stürmische Côte d'Azur. Der dritte Fall für Kommissar Duval. Taschenbuch. Verfügbar auch als E-Book

Christine Cazon. Endstation Côte d'Azur. Der vierte Fall für Kommissar Duval. Taschenbuch. Verfügbar auch als E-Book